Multiplication Practice Problems

Dr. Shenek Alston

Multiplication Practice Problems

Dr. Shenek Alston

All rights reserved. This book or any portion thereof may not be reproduced or used in any manner whatsoever without the express written permission of the publisher except for the use of brief quotations in a book review.

Copyright ©
Dr. Shenek Alston

Illustrated by
Joyeeta Neogi

other Illustrations & Book formatting
Nadee Diwakara

ISBN 978-1-7321464-5-7

2nd Print edition
2026 in United States

Multiplication Test Scores

Record your test scores on this page.

Facts	Score 1	Score 2	Score 3	Score 4	Score 5	Score 6	Score 7
2's	/25	/25	/25	/25	/25	/25	/25
3's	/25	/25	/25	/25	/25	/25	/25
4's	/25	/25	/25	/25	/25	/25	/25
5's	/25	/25	/25	/25	/25	/25	/25
6's	/25	/25	/25	/25	/25	/25	/25
7's	/25	/25	/25	/25	/25	/25	/25
8's	/25	/25	/25	/25	/25	/25	/25
9's	/25	/25	/25	/25	/25	/25	/25
10's	/25	/25	/25	/25	/25	/25	/25
11's	/25	/25	/25	/25	/25	/25	/25
12's	/25	/25	/25	/25	/25	/25	/25

Name :... Date :...........................

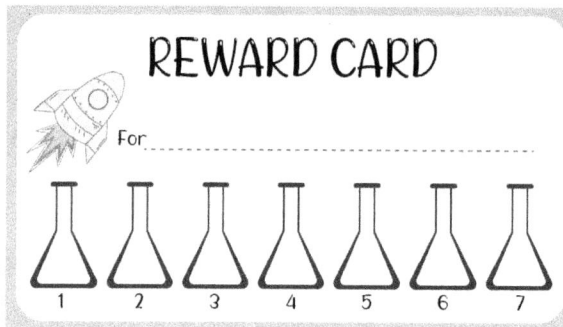
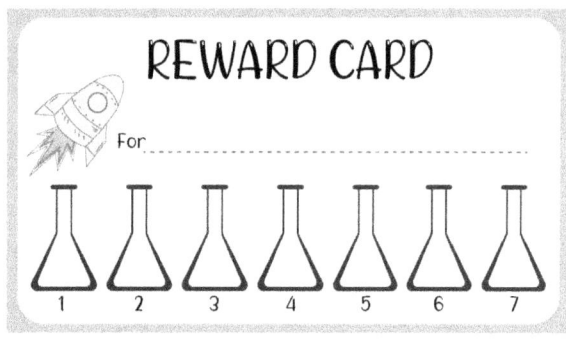

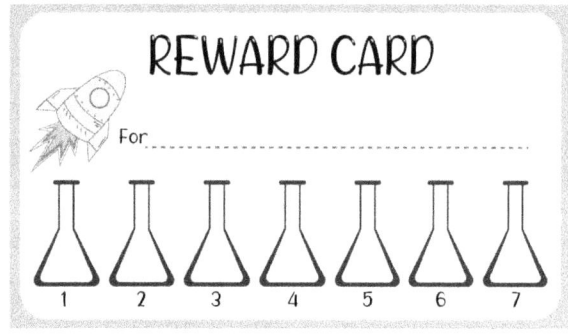
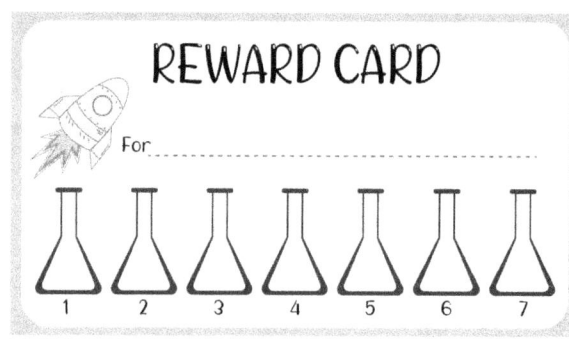

Directions: **When you take a test, color in a test tube.**

4

Name :... Date :............................

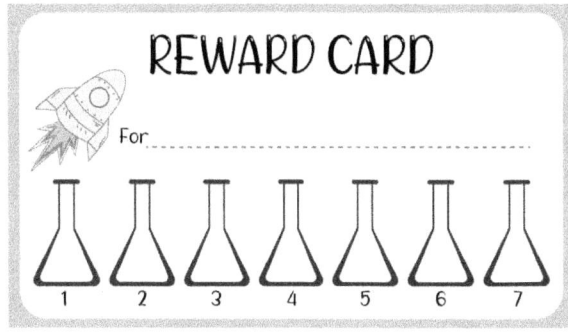
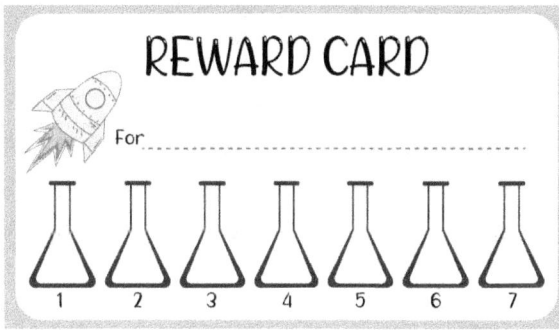

Directions: **When you take a test, color in a test tube.**

Name :.. Date :...........................

Practice in order

2 × 0 =	2 × 1 =	2 × 2 =	2 × 3 =
2 × 4 =	2 × 5 =	2 × 6 =	2 × 7 =	2 × 8 =
2 × 9 =	2 × 10 =	2 × 11 =	2 × 12 =

Practice out of order

2 × 4 =	2 × 8 =	2 × 3 =
2 × 6 =	2 × 0 =	2 × 7 =	2 × 10 =	2 × 12 =
2 × 5 =	2 × 9 =	2 × 1 =	2 × 11 =	2 × 2 =

Name :.. Date :............................

Practice in order

2 × 0 =	2 × 1 =	2 × 2 =	2 × 3 =

2 × 4 =	2 × 5 =	2 × 6 =	2 × 7 =	2 × 8 =

2 × 9 =	2 × 10 =	2 × 11 =	2 × 12 =

Practice out of order

2 × 12 =	2 × 1 =	2 × 7 =

2 × 8 =	2 × 4 =	2 × 6 =	2 × 3 =	2 × 11 =

2 × 9 =	2 × 5 =	2 × 0 =	2 × 10 =	2 × 2 =

7

Name :... Date :............................

Time To Test

2	2	2	2	2
x 3	x 5	x 9	x 7	x 2

2	2	2	2	2
x 6	x 10	x 1	x 4	x 8

2	2	2	2	2
x 12	x 2	x 5	x 0	x 11

2	2	2	2	2
x 10	x 7	x 11	x 12	x 6

2	2	2	2	2
x 4	x 1	x 8	x 3	x 9

Don't forget to record your score on the tracker page too!

Time

Score /25

Name :.. Date :............................

Practice in order

2 × 0 =	2 × 1 =	2 × 2 =	2 × 3 =
2 × 4 =	2 × 5 =	2 × 6 =	2 × 7 =	2 × 8 =
2 × 9 =	2 × 10 =	2 × 11 =	2 × 12 =

Practice out of order

2 × 5 =	2 × 11 =	2 × 9 =
2 × 7 =	2 × 3 =	2 × 8 =	2 × 0 =	2 × 1 =
2 × 2 =	2 × 6 =	2 × 4 =	2 × 12 =	2 × 10 =

9

Name :.. Date :..........................

Practice in order

2	2	2	2
x 0	x 1	x 2	x 3

2	2	2	2	2
x 4	x 5	x 6	x 7	x 8

2	2	2	2
x 9	x 10	x 11	x 12

Practice out of order

2	2	2
x 7	x 12	x 3

2	2	2	2	2
x 8	x 10	x 5	x 2	x 9

2	2	2	2	2
x 11	x 4	x 0	x 6	x 1

10

Name :... Date :............................

Time To Test

| 2 × 5 = | 2 × 7 = | 2 × 10 = | 2 × 9 = | 2 × 4 = |

| 2 × 2 = | 2 × 8 = | 2 × 6 = | 2 × 3 = | 2 × 0 = |

| 2 × 11 = | 2 × 1 = | 2 × 10 = | 2 × 12 = | 2 × 6 = |

| 2 × 0 = | 2 × 8 = | 2 × 1 = | 2 × 9 = | 2 × 4 = |

| 2 × 3 = | 2 × 11 = | 2 × 5 = | 2 × 2 = | 2 × 7 = |

Don't forget to record your score on the tracker page too!

Time

Score /25

Name :.. Date :............................

Practice in order

2	2	2	2
x 0	x 1	x 2	x 3

2	2	2	2	2
x 4	x 5	x 6	x 7	x 8

2	2	2	2
x 9	x 10	x 11	x 12

Practice out of order

2	2	2
x 2	x 5	x 7

2	2	2	2	2
x 4	x 9	x 12	x 10	x 11

2	2	2	2	2
x 0	x 8	x 3	x 6	x 1

Name :.. Date :............................

Time To Test

```
   2        2        2        2        2
x 10     x  4     x 11     x  8     x  0
____     ____     ____     ____     ____


   2        2        2        2        2
x  7     x  1     x  3     x  6     x  9
____     ____     ____     ____     ____


   2        2        2        2        2
x  3     x  5     x  2     x 12     x  7
____     ____     ____     ____     ____


   2        2        2        2        2
x  0     x 10     x 12     x  5     x  8
____     ____     ____     ____     ____


   2        2        2        2        2
x  4     x  2     x  1     x  9     x  6
____     ____     ____     ____     ____
```

Don't forget to record your score on the tracker page too!

Time

Score /25

13

Name :... Date :...........................

Time To Test

2	2	2	2	2
x 12	x 9	x 5	x 6	x 11
─────	─────	─────	─────	─────

2	2	2	2	2
x 8	x 10	x 2	x 3	x 0
─────	─────	─────	─────	─────

2	2	2	2	2
x 1	x 7	x 4	x 0	x 8
─────	─────	─────	─────	─────

2	2	2	2	2
x 9	x 2	x 11	x 1	x 5
─────	─────	─────	─────	─────

2	2	2	2	2
x 3	x 6	x 12	x 7	x 4
─────	─────	─────	─────	─────

Don't forget to record your score on the tracker page too!

Time

Score /25

Name :.. Date :............................

Time To Test

| 2 × 8 = | 2 × 6 = | 2 × 1 = | 2 × 9 = | 2 × 3 = |

| 2 × 10 = | 2 × 2 = | 2 × 12 = | 2 × 0 = | 2 × 7 = |

| 2 × 4 = | 2 × 11 = | 2 × 5 = | 2 × 0 = | 2 × 3 = |

| 2 × 2 = | 2 × 12 = | 2 × 4 = | 2 × 7 = | 2 × 9 = |

| 2 × 6 = | 2 × 8 = | 2 × 1 = | 2 × 10 = | 2 × 5 = |

Don't forget to record your score on the tracker page too!

Time

Score /25

Name :.. Date :............................

Time To Test

2	2	2	2	2
x 1	x 5	x 0	x 8	x 12

2	2	2	2	2
x 4	x 10	x 6	x 11	x 9

2	2	2	2	2
x 7	x 3	x 2	x 11	x 1

2	2	2	2	2
x 5	x 2	x 6	x 4	x 8

2	2	2	2	2
x 3	x 9	x 7	x 10	x 12

Don't forget to record your score on the tracker page too!

Time

Score /25

Name :.. Date :............................

Time To Test

| 2 × 3 = | 2 × 7 = | 2 × 5 = | 2 × 2 = | 2 × 12 = |

| 2 × 9 = | 2 × 11 = | 2 × 8 = | 2 × 10 = | 2 × 1 = |

| 2 × 4 = | 2 × 6 = | 2 × 0 = | 2 × 11 = | 2 × 5 = |

| 2 × 12 = | 2 × 8 = | 2 × 1 = | 2 × 6 = | 2 × 3 = |

| 2 × 7 = | 2 × 10 = | 2 × 4 = | 2 × 9 = | 2 × 2 = |

Don't forget to record your score on the tracker page too!

Time

Score /25

Name :.. Date :...........................

Practice in order

3 × 0	3 × 1	3 × 2	3 × 3
3 × 4	3 × 5	3 × 6	3 × 7	3 × 8
3 × 9	3 × 10	3 × 11	3 × 12

Practice out of order

3 × 8	3 × 11	3 × 4
3 × 7	3 × 5	3 × 12	3 × 1	3 × 9
3 × 10	3 × 2	3 × 6	3 × 0	3 × 3

Name :.. Date :..........................

Practice in order

```
    3         3         3         3
x   0     x   1     x   2     x   3
_____   _____   _____   _____

    3         3         3         3         3
x   4     x   5     x   6     x   7     x   8
_____   _____   _____   _____   _____

    3         3         3         3
x   9     x  10     x  11     x  12
_____   _____   _____   _____
```

Practice out of order

```
    3         3         3
x   9     x   2     x   3
_____   _____   _____

    3         3         3         3         3
x  10     x   5     x   7     x   6     x   1
_____   _____   _____   _____   _____

    3         3         3         3         3
x   4     x  12     x   0     x   8     x  11
_____   _____   _____   _____   _____
```

19

Name :.. Date :............................

Time To Test

3	3	3	3	3
x 11	x 8	x 3	x 1	x 5

3	3	3	3	3
x 7	x 12	x 9	x 6	x 2

3	3	3	3	3
x 0	x 4	x 10	x 2	x 8

3	3	3	3	3
x 6	x 9	x 3	x 12	x 1

3	3	3	3	3
x 4	x 11	x 0	x 5	x 7

Don't forget to record your score on the tracker page too!

Time

Score /25

Name :.. Date :...........................

Practice in order

3 × 0 =	3 × 1 =	3 × 2 =	3 × 3 =
3 × 4 =	3 × 5 =	3 × 6 =	3 × 7 =	3 × 8 =
3 × 9 =	3 × 10 =	3 × 11 =	3 × 12 =

Practice out of order

3 × 11 =	3 × 7 =	3 × 2 =
3 × 10 =	3 × 5 =	3 × 8 =	3 × 4 =	3 × 12 =
3 × 3 =	3 × 6 =	3 × 9 =	3 × 0 =	3 × 1 =

Name :.. Date :...........................

Practice in order

3	3	3	3
x 0	x 1	x 2	x 3
=	=	=	=

3	3	3	3	3
x 4	x 5	x 6	x 7	x 8
=	=	=	=	=

3	3	3	3
x 9	x 10	x 11	x 12
=	=	=	=

Practice out of order

3	3	3
x 1	x 6	x 9
=	=	=

3	3	3	3	3
x 12	x 8	x 10	x 0	x 4
=	=	=	=	=

3	3	3	3	3
x 7	x 3	x 2	x 5	x 11
=	=	=	=	=

Name :.. Date :............................

Time To Test

3 × 10	3 × 6	3 × 9	3 × 3	3 × 0
3 × 7	3 × 8	3 × 5	3 × 11	3 × 1
3 × 2	3 × 12	3 × 4	3 × 8	3 × 2
3 × 9	3 × 1	3 × 12	3 × 0	3 × 6
3 × 5	3 × 10	3 × 3	3 × 7	3 × 4

Don't forget to record your score on the tracker page too!

Time

Score /25

Name :... Date :...........................

Practice in order

3	3	3	3
x 0	x 1	x 2	x 3
=	=	=	=

3	3	3	3	3
x 4	x 5	x 6	x 7	x 8
=	=	=	=	=

3	3	3	3
x 9	x 10	x 11	x 12
=	=	=	=

Practice out of order

3	3	3
x 3	x 6	x 0
=	=	=

3	3	3	3	3
x 8	x 5	x 12	x 10	x 7
=	=	=	=	=

3	3	3	3	3
x 4	x 1	x 11	x 9	x 2
=	=	=	=	=

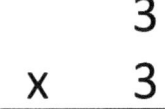

Name :... Date :............................

Time To Test

3 × 9 =	3 × 12 =	3 × 1 =	3 × 3 =	3 × 5 =
3 × 4 =	3 × 7 =	3 × 2 =	3 × 11 =	3 × 6 =
3 × 10 =	3 × 8 =	3 × 0 =	3 × 5 =	3 × 1 =
3 × 6 =	3 × 3 =	3 × 12 =	3 × 4 =	3 × 11 =
3 × 7 =	3 × 10 =	3 × 8 =	3 × 2 =	3 × 9 =

Don't forget to record your score on the tracker page too!

Time

Score /25

Name :... Date :............................

Time To Test

| 3 × 2 | 3 × 0 | 3 × 6 | 3 × 9 | 3 × 11 |

| 3 × 5 | 3 × 10 | 3 × 1 | 3 × 4 | 3 × 7 |

| 3 × 8 | 3 × 12 | 3 × 3 | 3 × 9 | 3 × 11 |

| 3 × 0 | 3 × 2 | 3 × 4 | 3 × 8 | 3 × 6 |

| 3 × 1 | 3 × 7 | 3 × 3 | 3 × 10 | 3 × 5 |

Don't forget to record your score on the tracker page too!

Time

Score /25

Name :... Date :...........................

Time To Test

3 × 1 =	3 × 4 =	3 × 7 =	3 × 12 =	3 × 10 =
3 × 6 =	3 × 0 =	3 × 3 =	3 × 2 =	3 × 8 =
3 × 11 =	3 × 9 =	3 × 5 =	3 × 10 =	3 × 7 =
3 × 2 =	3 × 12 =	3 × 6 =	3 × 0 =	3 × 9 =
3 × 5 =	3 × 3 =	3 × 11 =	3 × 8 =	3 × 4 =

Don't forget to record your score on the tracker page too!

Time

Score /25

27

Name :.. Date :............................

Time To Test

3 × 3	3 × 5	3 × 7	3 × 0	3 × 2
3 × 10	3 × 6	3 × 9	3 × 4	3 × 11
3 × 1	3 × 8	3 × 12	3 × 0	3 × 1
3 × 7	3 × 3	3 × 9	3 × 12	3 × 5
3 × 4	3 × 10	3 × 6	3 × 8	3 × 11

Don't forget to record your score on the tracker page too!

Time

Score /25

Time To Test

3 × 2	3 × 1	3 × 9	3 × 12	3 × 0
3 × 5	3 × 4	3 × 11	3 × 3	3 × 6
3 × 10	3 × 7	3 × 8	3 × 12	3 × 9
3 × 1	3 × 6	3 × 10	3 × 4	3 × 8
3 × 5	3 × 3	3 × 11	3 × 7	3 × 2

Don't forget to record your score on the tracker page too!

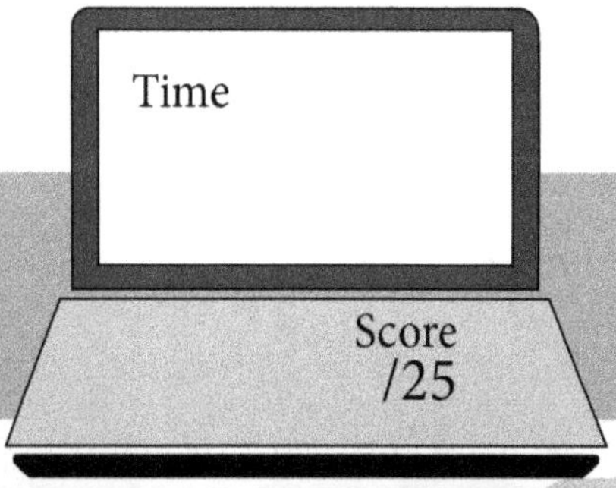

Time

Score /25

Practice in order

4	4	4	4
x 0	x 1	x 2	x 3

4	4	4	4	4
x 4	x 5	x 6	x 7	x 8

4	4	4	4
x 9	x 10	x 11	x 12

Practice out of order

4	4	4
x 3	x 1	x 7

4	4	4	4	4
x 0	x 5	x 9	x 4	x 12

4	4	4	4	4
x 8	x 2	x 11	x 6	x 10

Name :... Date :...........................

Practice in order

4 × 0	4 × 1	4 × 2	4 × 3
4 × 4	4 × 5	4 × 6	4 × 7	4 × 8
4 × 9	4 × 10	4 × 11	4 × 12

Practice out of order

4 × 12	4 × 4	4 × 8
4 × 9	4 × 5	4 × 7	4 × 0	4 × 11
4 × 10	4 × 6	4 × 1	4 × 2	4 × 3

31

Name :... Date :............................

Time To Test

| 4 × 2 | 4 × 5 | 4 × 1 | 4 × 10 | 4 × 7 |

| 4 × 12 | 4 × 8 | 4 × 11 | 4 × 3 | 4 × 6 |

| 4 × 4 | 4 × 0 | 4 × 9 | 4 × 5 | 4 × 8 |

| 4 × 3 | 4 × 11 | 4 × 10 | 4 × 0 | 4 × 9 |

| 4 × 7 | 4 × 2 | 4 × 6 | 4 × 4 | 4 × 1 |

Don't forget to record your score on the tracker page too!

Time

Score /25

32

Name :.. Date :............................

Practice in order

4 × 0 =	4 × 1 =	4 × 2 =	4 × 3 =
4 × 4 =	4 × 5 =	4 × 6 =	4 × 7 =	4 × 8 =
4 × 9 =	4 × 10 =	4 × 11 =	4 × 12 =

Practice out of order

4 × 0 =	4 × 8 =	4 × 5 =
4 × 4 =	4 × 12 =	4 × 2 =	4 × 11 =	4 × 9 =
4 × 7 =	4 × 1 =	4 × 6 =	4 × 10 =	4 × 3 =

Name :... Date :..........................

Practice in order

4	4	4	4
x 0	x 1	x 2	x 3

4	4	4	4	4
x 4	x 5	x 6	x 7	x 8

4	4	4	4
x 9	x 10	x 11	x 12

Practice out of order

4	4	4
x 2	x 7	x 10

4	4	4	4	4
x 1	x 6	x 9	x 12	x 0

4	4	4	4	4
x 5	x 3	x 8	x 11	x 4

Name :... Date :............................

Time To Test

4 × 9 =	4 × 12 =	4 × 7 =	4 × 3 =	4 × 10 =
4 × 5 =	4 × 8 =	4 × 0 =	4 × 2 =	4 × 6 =
4 × 1 =	4 × 4 =	4 × 11 =	4 × 8 =	4 × 4 =
4 × 10 =	4 × 5 =	4 × 12 =	4 × 6 =	4 × 2 =
4 × 11 =	4 × 7 =	4 × 3 =	4 × 1 =	4 × 9 =

Don't forget to record your score on the tracker page too!

Time

Score /25

35

Name :.. Date :...........................

Practice in order

4 × 0 =	4 × 1 =	4 × 2 =	4 × 3 =
4 × 4 =	4 × 5 =	4 × 6 =	4 × 7 =	4 × 8 =
4 × 9 =	4 × 10 =	4 × 11 =	4 × 12 =

Practice out of order

4 × 3 =	4 × 11 =	4 × 0 =
4 × 6 =	4 × 2 =	4 × 8 =	4 × 10 =	4 × 7 =
4 × 5 =	4 × 9 =	4 × 1 =	4 × 4 =	4 × 12 =

Name :.. Date :............................

Time To Test

4 × 0 =	4 × 4 =	4 × 8 =	4 × 2 =	4 × 6 =
4 × 7 =	4 × 3 =	4 × 10 =	4 × 12 =	4 × 9 =
4 × 1 =	4 × 11 =	4 × 5 =	4 × 2 =	4 × 11 =
4 × 6 =	4 × 10 =	4 × 12 =	4 × 7 =	4 × 9 =
4 × 4 =	4 × 1 =	4 × 8 =	4 × 3 =	4 × 5 =

Don't forget to record your score on the tracker page too!

Time

Score /25

Name :.. Date :............................

Time To Test

4	4	4	4	4
x 3	x 1	x 6	x 10	x 12

4	4	4	4	4
x 8	x 0	x 5	x 4	x 7

4	4	4	4	4
x 11	x 9	x 12	x 2	x 10

4	4	4	4	4
x 5	x 8	x 4	x 7	x 0

4	4	4	4	4
x 3	x 9	x 6	x 11	x 2

Don't forget to record your score on the tracker page too!

Time

Score /25

Name :... Date :............................

Time To Test

| 4 × 11 | 4 × 6 | 4 × 3 | 4 × 8 | 4 × 5 |

| 4 × 10 | 4 × 2 | 4 × 9 | 4 × 1 | 4 × 4 |

| 4 × 7 | 4 × 0 | 4 × 10 | 4 × 11 | 4 × 9 |

| 4 × 1 | 4 × 4 | 4 × 12 | 4 × 5 | 4 × 8 |

| 4 × 6 | 4 × 2 | 4 × 7 | 4 × 3 | 4 × 0 |

Don't forget to record your score on the tracker page too!

Time

Score /25

39

Name :.. Date :............................

Time To Test

4 × 9	4 × 12	4 × 3	4 × 5	4 × 7
4 × 4	4 × 6	4 × 2	4 × 10	4 × 11
4 × 0	4 × 10	4 × 8	4 × 6	4 × 1
4 × 8	4 × 2	4 × 7	4 × 12	4 × 4
4 × 3	4 × 11	4 × 9	4 × 5	4 × 1

Don't forget to record your score on the tracker page too!

Time

Score /25

Name :.. Date :............................

Time To Test

4 × 4 =	4 × 1 =	4 × 7 =	4 × 0 =	4 × 11 =
4 × 8 =	4 × 5 =	4 × 10 =	4 × 12 =	4 × 3 =
4 × 2 =	4 × 9 =	4 × 6 =	4 × 11 =	4 × 4 =
4 × 10 =	4 × 3 =	4 × 0 =	4 × 1 =	4 × 8 =
4 × 5 =	4 × 7 =	4 × 2 =	4 × 9 =	4 × 6 =

Don't forget to record your score on the tracker page too!

Time

Score /25

41

Name :.. Date :..........................

Practice in order

```
    5         5         5         5
x   0     x   1     x   2     x   3
___       ___       ___       ___

    5         5         5         5         5
x   4     x   5     x   6     x   7     x   8
___       ___       ___       ___       ___

    5         5         5         5
x   9     x  10     x  11     x  12
___       ___       ___       ___
```

Practice out of order

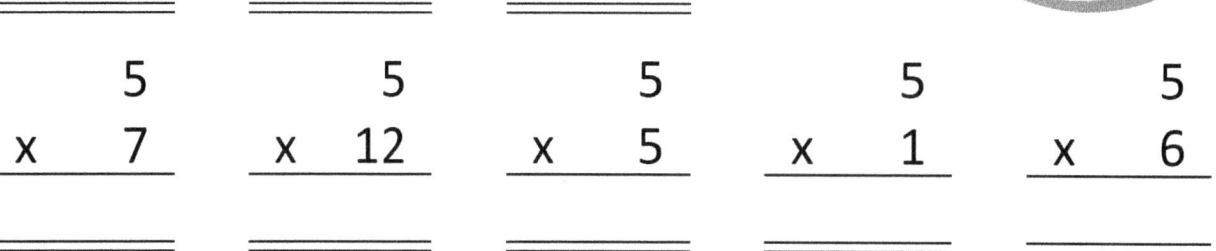

```
    5         5         5
x  11     x   4     x   9
___       ___       ___

    5         5         5         5         5
x   7     x  12     x   5     x   1     x   6
___       ___       ___       ___       ___

    5         5         5         5         5
x   8     x   2     x  10     x   0     x   3
___       ___       ___       ___       ___
```

42

Name :... Date :............................

Practice in order

5	5	5	5
x 0	x 1	x 2	x 3

5	5	5	5	5
x 4	x 5	x 6	x 7	x 8

5	5	5	5
x 9	x 10	x 11	x 12

Practice out of order

5	5	5
x 10	x 7	x 12

5	5	5	5	5
x 3	x 5	x 8	x 1	x 4

5	5	5	5	5
x 0	x 6	x 2	x 11	x 9

43

Name :.. Date :............................

Time To Test

| 5 × 11 | 5 × 8 | 5 × 6 | 5 × 2 | 5 × 10 |

| 5 × 1 | 5 × 4 | 5 × 9 | 5 × 3 | 5 × 7 |

| 5 × 12 | 5 × 0 | 5 × 5 | 5 × 0 | 5 × 2 |

| 5 × 1 | 5 × 9 | 5 × 6 | 5 × 11 | 5 × 3 |

| 5 × 7 | 5 × 10 | 5 × 5 | 5 × 4 | 5 × 8 |

Don't forget to record your score on the tracker page too!

Time

Score /25

Name :.. Date :............................

Practice in order

5	5	5	5
x 0	x 1	x 2	x 3
=	=	=	=

5	5	5	5	5
x 4	x 5	x 6	x 7	x 8
=	=	=	=	=

5	5	5	5
x 9	x 10	x 11	x 12
=	=	=	=

Practice out of order

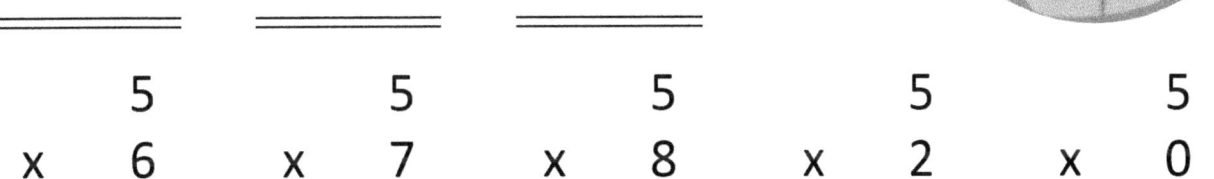

5	5	5
x 12	x 10	x 5
=	=	=

5	5	5	5	5
x 6	x 7	x 8	x 2	x 0
=	=	=	=	=

5	5	5	5	5
x 9	x 4	x 11	x 3	x 1
=	=	=	=	=

Name :.. Date :........................

Practice in order

5	5	5	5
x 0	x 1	x 2	x 3

5	5	5	5	5
x 4	x 5	x 6	x 7	x 8

5	5	5	5
x 9	x 10	x 11	x 12

Practice out of order

5	5	5
x 6	x 8	x 1

5	5	5	5	5
x 3	x 11	x 4	x 2	x 10

5	5	5	5	5
x 7	x 0	x 12	x 5	x 9

Time To Test

5 × 10 =	5 × 7 =	5 × 11 =	5 × 6 =	5 × 4 =
5 × 3 =	5 × 12 =	5 × 1 =	5 × 9 =	5 × 2 =
5 × 5 =	5 × 8 =	5 × 0 =	5 × 3 =	5 × 11 =
5 × 1 =	5 × 7 =	5 × 10 =	5 × 2 =	5 × 9 =
5 × 12 =	5 × 5 =	5 × 8 =	5 × 6 =	5 × 4 =

Don't forget to record your score on the tracker page too!

Time

Score /25

Name :... Date :............................

Practice in order

5	5	5	5
x 0	x 1	x 2	x 3

5	5	5	5	5
x 4	x 5	x 6	x 7	x 8

5	5	5	5
x 9	x 10	x 11	x 12

Practice out of order

5	5	5
x 8	x 2	x 11

5	5	5	5	5
x 7	x 6	x 4	x 10	x 0

5	5	5	5	5
x 12	x 3	x 9	x 5	x 1

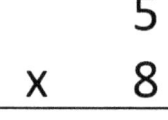

Name :.. Date :............................

Time To Test

5	5	5	5	5
x 4	x 2	x 7	x 1	x 6

5	5	5	5	5
x 10	x 8	x 0	x 11	x 5

5	5	5	5	5
x 12	x 9	x 3	x 10	x 12

5	5	5	5	5
x 3	x 11	x 4	x 6	x 2

5	5	5	5	5
x 5	x 0	x 8	x 9	x 7

Don't forget to record your score on the tracker page too!

Time

Score /25

Time To Test

| 5 × 0 | 5 × 3 | 5 × 5 | 5 × 8 | 5 × 9 |

| 5 × 12 | 5 × 4 | 5 × 10 | 5 × 1 | 5 × 11 |

| 5 × 2 | 5 × 7 | 5 × 6 | 5 × 12 | 5 × 8 |

| 5 × 9 | 5 × 1 | 5 × 10 | 5 × 7 | 5 × 5 |

| 5 × 6 | 5 × 3 | 5 × 4 | 5 × 0 | 5 × 11 |

Don't forget to record your score on the tracker page too!

Time

Score /25

Name :.. Date :..............................

Time To Test

5 × 4 =	5 × 2 =	5 × 7 =	5 × 1 =	5 × 6 =
5 × 10 =	5 × 8 =	5 × 0 =	5 × 11 =	5 × 5 =
5 × 12 =	5 × 9 =	5 × 3 =	5 × 10 =	5 × 12 =
5 × 3 =	5 × 11 =	5 × 4 =	5 × 6 =	5 × 2 =
5 × 5 =	5 × 0 =	5 × 8 =	5 × 9 =	5 × 7 =

Don't forget to record your score on the tracker page too!

Time

Score /25

Name :... Date :............................

Time To Test

5 × 0 =	5 × 3 =	5 × 5 =	5 × 8 =	5 × 9 =
5 × 12 =	5 × 4 =	5 × 10 =	5 × 1 =	5 × 11 =
5 × 2 =	5 × 7 =	5 × 6 =	5 × 12 =	5 × 8 =
5 × 9 =	5 × 1 =	5 × 10 =	5 × 7 =	5 × 5 =
5 × 6 =	5 × 3 =	5 × 4 =	5 × 0 =	5 × 11 =

Don't forget to record your score on the tracker page too!

Time

Score /25

Time To Test

5 × 12 =	5 × 3 =	5 × 1 =	5 × 7 =	5 × 4 =
5 × 6 =	5 × 9 =	5 × 5 =	5 × 10 =	5 × 2 =
5 × 1 =	5 × 11 =	5 × 8 =	5 × 3 =	5 × 6 =
5 × 8 =	5 × 9 =	5 × 12 =	5 × 4 =	5 × 5 =
5 × 0 =	5 × 11 =	5 × 7 =	5 × 2 =	5 × 10 =

Don't forget to record your score on the tracker page too!

Time

Score /25

Name :.. Date :............................

Time To Test

5 × 8 =	5 × 11 =	5 × 5 =	5 × 3 =	5 × 9 =
5 × 0 =	5 × 4 =	5 × 1 =	5 × 12 =	5 × 2 =
5 × 10 =	5 × 6 =	5 × 7 =	5 × 4 =	5 × 11 =
5 × 9 =	5 × 5 =	5 × 10 =	5 × 2 =	5 × 7 =
5 × 1 =	5 × 6 =	5 × 0 =	5 × 3 =	5 × 8 =

Don't forget to record your score on the tracker page too!

Time

Score /25

Name :.. Date :............................

Time To Test

5 × 10 =	5 × 4 =	5 × 2 =	5 × 0 =	5 × 12 =
5 × 7 =	5 × 5 =	5 × 1 =	5 × 9 =	5 × 6 =
5 × 11 =	5 × 8 =	5 × 3 =	5 × 7 =	5 × 11 =
5 × 2 =	5 × 12 =	5 × 6 =	5 × 1 =	5 × 9 =
5 × 8 =	5 × 10 =	5 × 4 =	5 × 5 =	5 × 3 =

Don't forget to record your score on the tracker page too!

Time

Score /25

Practice in order

6 × 0 =	6 × 1 =	6 × 2 =	6 × 3 =
6 × 4 =	6 × 5 =	6 × 6 =	6 × 7 =	6 × 8 =
6 × 9 =	6 × 10 =	6 × 11 =	6 × 12 =

Practice out of order

6 × 7 =	6 × 3 =	6 × 9 =
6 × 2 =	6 × 6 =	6 × 10 =	6 × 12 =	6 × 5 =
6 × 11 =	6 × 0 =	6 × 1 =	6 × 8 =	6 × 4 =

Name :.. Date :...........................

Practice in order

6 × 0	6 × 1	6 × 2	6 × 3

6 × 4	6 × 5	6 × 6	6 × 7	6 × 8

6 × 9	6 × 10	6 × 11	6 × 12

Practice out of order

6 × 2	6 × 5	6 × 0

6 × 8	6 × 1	6 × 12	6 × 6	6 × 11

6 × 10	6 × 7	6 × 4	6 × 9	6 × 3

Name :.. Date :............................

Time To Test

6 × 2	6 × 9	6 × 6	6 × 4	6 × 1
6 × 11	6 × 7	6 × 12	6 × 0	6 × 8
6 × 3	6 × 10	6 × 5	6 × 2	6 × 11
6 × 6	6 × 0	6 × 1	6 × 5	6 × 10
6 × 9	6 × 4	6 × 8	6 × 7	6 × 3

Don't forget to record your score on the tracker page too!

Time

Score /25

Name :.. Date :............................

Practice in order

6 × 0	6 × 1	6 × 2	6 × 3

6 × 4	6 × 5	6 × 6	6 × 7	6 × 8

6 × 9	6 × 10	6 × 11	6 × 12

Practice out of order

6 × 5	6 × 12	6 × 9

6 × 6	6 × 10	6 × 3	6 × 0	6 × 11

6 × 8	6 × 2	6 × 7	6 × 1	6 × 4

57

Name :.. Date :..........................

Practice in order

| 6 | 6 | 6 | 6 |
| x 0 | x 1 | x 2 | x 3 |

| 6 | 6 | 6 | 6 | 6 |
| x 4 | x 5 | x 6 | x 7 | x 8 |

| 6 | 6 | 6 | 6 |
| x 9 | x 10 | x 11 | x 12 |

Practice out of order

| 6 | 6 | 6 |
| x 11 | x 8 | x 2 |

| 6 | 6 | 6 | 6 | 6 |
| x 12 | x 3 | x 5 | x 9 | x 0 |

| 6 | 6 | 6 | 6 | 6 |
| x 4 | x 7 | x 1 | x 6 | x 10 |

58

Name :.. Date :............................

Time To Test

6 × 3	6 × 6	6 × 8	6 × 5	6 × 10
6 × 2	6 × 9	6 × 11	6 × 4	6 × 0
6 × 7	6 × 1	6 × 12	6 × 2	6 × 5
6 × 1	6 × 6	6 × 7	6 × 11	6 × 3
6 × 9	6 × 4	6 × 12	6 × 10	6 × 8

Don't forget to record your score on the tracker page too!

Time

Score /25

Name :.. Date :...........................

Practice in order

6	6	6	6
x 0	x 1	x 3	x 3

6	6	6	6	6
x 4	x 5	x 6	x 7	x 8

6	6	6	6
x 9	x 10	x 11	x 12

Practice out of order

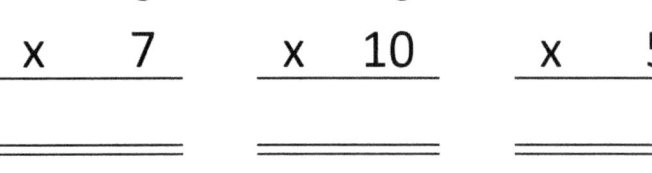

6	6	6
x 7	x 10	x 5

6	6	6	6	6
x 6	x 12	x 3	x 8	x 2

6	6	6	6	6
x 1	x 9	x 4	x 11	x 0

Name :.. Date :............................

Time To Test

6 × 11	6 × 5	6 × 2	6 × 8	6 × 0
6 × 12	6 × 3	6 × 10	6 × 9	6 × 4
6 × 7	6 × 1	6 × 6	6 × 0	6 × 1
6 × 8	6 × 3	6 × 11	6 × 4	6 × 6
6 × 5	6 × 7	6 × 2	6 × 10	6 × 9

Don't forget to record your score on the tracker page too!

Time

Score /25

Time To Test

6 × 2 =	6 × 9 =	6 × 6 =	6 × 11 =	6 × 1 =
6 × 8 =	6 × 3 =	6 × 5 =	6 × 0 =	6 × 4 =
6 × 12 =	6 × 10 =	6 × 7 =	6 × 11 =	6 × 8 =
6 × 1 =	6 × 6 =	6 × 3 =	6 × 12 =	6 × 5 =
6 × 4 =	6 × 9 =	6 × 2 =	6 × 10 =	6 × 7 =

Don't forget to record your score on the tracker page too!

Time

Score /25

Name :.. Date :...........................

Time To Test

6 × 10	6 × 7	6 × 4	6 × 0	6 × 5
6 × 9	6 × 11	6 × 3	6 × 2	6 × 12
6 × 1	6 × 6	6 × 8	6 × 4	6 × 10
6 × 9	6 × 2	6 × 12	6 × 7	6 × 3
6 × 5	6 × 11	6 × 1	6 × 6	6 × 8

Don't forget to record your score on the tracker page too!

Time

Score /25

Name :.. Date :............................

Time To Test

| 6 × 9 | 6 × 3 | 6 × 8 | 6 × 1 | 6 × 10 |

| 6 × 4 | 6 × 6 | 6 × 0 | 6 × 12 | 6 × 5 |

| 6 × 7 | 6 × 2 | 6 × 11 | 6 × 3 | 6 × 1 |

| 6 × 6 | 6 × 8 | 6 × 0 | 6 × 10 | 6 × 7 |

| 6 × 4 | 6 × 9 | 6 × 2 | 6 × 5 | 6 × 11 |

Don't forget to record your score on the tracker page too!

Time

Score /25

Name :.. Date :...........................

Time To Test

6 × 2	6 × 0	6 × 5	6 × 7	6 × 10
6 × 9	6 × 6	6 × 8	6 × 11	6 × 4
6 × 12	6 × 1	6 × 3	6 × 6	6 × 8
6 × 11	6 × 0	6 × 4	6 × 2	6 × 10
6 × 1	6 × 12	6 × 9	6 × 5	6 × 7

Don't forget to record your score on the tracker page too!

Time

Score /25

65

Name :.. Date :...........................

Practice in order

7 × 0 =	7 × 1 =	7 × 2 =	7 × 3 =
7 × 4 =	7 × 5 =	7 × 6 =	7 × 7 =	7 × 8 =
7 × 9 =	7 × 10 =	7 × 11 =	7 × 12 =

Practice out of order

7 × 1 =	7 × 4 =	7 × 7 =
7 × 3 =	7 × 0 =	7 × 11 =	7 × 8 =	7 × 10 =
7 × 12 =	7 × 5 =	7 × 9 =	7 × 2 =	7 × 6 =

Name :... Date :........................

Practice in order

7 × 0 =	7 × 1 =	7 × 2 =	7 × 3 =
7 × 4 =	7 × 5 =	7 × 6 =	7 × 7 =	7 × 8 =
7 × 9 =	7 × 10 =	7 × 11 =	7 × 12 =

Practice out of order

7 × 10 =	7 × 12 =	7 × 5 =
7 × 9 =	7 × 0 =	7 × 4 =	7 × 7 =	7 × 3 =
7 × 6 =	7 × 8 =	7 × 1 =	7 × 2 =	7 × 11 =

Name :.. Date :..........................

Time To Test

7 × 2	7 × 11	7 × 8	7 × 3	7 × 4
7 × 9	7 × 1	7 × 12	7 × 10	7 × 7
7 × 6	7 × 0	7 × 5	7 × 4	7 × 11
7 × 10	7 × 5	7 × 12	7 × 7	7 × 0
7 × 2	7 × 8	7 × 1	7 × 6	7 × 9

Don't forget to record your score on the tracker page too!

Time

Score /25

Name :.. Date :............................

Practice in order

7 × 0 =	7 × 1 =	7 × 2 =	7 × 3 =
7 × 4 =	7 × 5 =	7 × 6 =	7 × 7 =	7 × 8 =
7 × 9 =	7 × 10 =	7 × 11 =	7 × 12 =

Practice out of order

7 × 11 =	7 × 7 =	7 × 4 =
7 × 8 =	7 × 10 =	7 × 0 =	7 × 9 =	7 × 5 =
7 × 2 =	7 × 12 =	7 × 3 =	7 × 6 =	7 × 1 =

69

Name :.. Date :............................

Practice in order

| 7 | 7 | 7 | 7 |
| x 0 | x 1 | x 2 | x 3 |

| 7 | 7 | 7 | 7 | 7 |
| x 4 | x 5 | x 6 | x 7 | x 8 |

| 7 | 7 | 7 | 7 |
| x 9 | x 10 | x 11 | x 12 |

Practice out of order

| 7 | 7 | 7 |
| x 9 | x 5 | x 12 |

| 7 | 7 | 7 | 7 | 7 |
| x 7 | x 11 | x 1 | x 6 | x 0 |

| 7 | 7 | 7 | 7 | 7 |
| x 4 | x 2 | x 8 | x 3 | x 10 |

Name :... Date :............................

Time To Test

7 × 0 =	7 × 3 =	7 × 8 =	7 × 5 =	7 × 10 =
7 × 2 =	7 × 9 =	7 × 4 =	7 × 7 =	7 × 12 =
7 × 11 =	7 × 1 =	7 × 6 =	7 × 11 =	7 × 9 =
7 × 3 =	7 × 6 =	7 × 0 =	7 × 8 =	7 × 1 =
7 × 5 =	7 × 10 =	7 × 4 =	7 × 7 =	7 × 2 =

Don't forget to record your score on the tracker page too!

Time

Score /25

Name :.. Date :...........................

Practice in order

7 × 0 =	7 × 1 =	7 × 2 =	7 × 3 =
7 × 4 =	7 × 5 =	7 × 6 =	7 × 7 =	7 × 8 =
7 × 9 =	7 × 10 =	7 × 11 =	7 × 12 =

Practice out of order

7 × 1 =	7 × 8 =	7 × 11 =
7 × 5 =	7 × 0 =	7 × 4 =	7 × 10 =	7 × 7 =
7 × 3 =	7 × 9 =	7 × 12 =	7 × 6 =	7 × 2 =

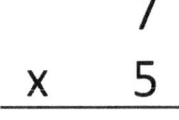

Name :... Date :............................

Time To Test

7	7	7	7	7
x 9	x 7	x 5	x 2	x 10

7	7	7	7	7
x 1	x 4	x 11	x 8	x 0

7	7	7	7	7
x 12	x 6	x 3	x 1	x 2

7	7	7	7	7
x 8	x 3	x 0	x 7	x 4

7	7	7	7	7
x 6	x 9	x 11	x 5	x 10

Don't forget to record your score on the tracker page too!

Time

Score /25

Name :.. Date :............................

Time To Test

7	7	7	7	7
x 7	x 11	x 8	x 6	x 12

7	7	7	7	7
x 10	x 1	x 3	x 5	x 2

7	7	7	7	7
x 4	x 0	x 9	x 1	x 11

7	7	7	7	7
x 6	x 12	x 5	x 8	x 4

7	7	7	7	7
x 10	x 2	x 3	x 7	x 9

Don't forget to record your score on the tracker page too!

Time

Score /25

Time To Test

7 × 9	7 × 7	7 × 5	7 × 2	7 × 10
7 × 1	7 × 4	7 × 11	7 × 8	7 × 0
7 × 12	7 × 6	7 × 3	7 × 1	7 × 2
7 × 8	7 × 3	7 × 0	7 × 7	7 × 4
7 × 6	7 × 9	7 × 11	7 × 5	7 × 10

Don't forget to record your score on the tracker page too!

Time

Score /25

Name :.. Date :............................

Time To Test

| 7 × 7 | 7 × 11 | 7 × 8 | 7 × 6 | 7 × 12 |

| 7 × 10 | 7 × 1 | 7 × 3 | 7 × 5 | 7 × 2 |

| 7 × 4 | 7 × 0 | 7 × 9 | 7 × 1 | 7 × 11 |

| 7 × 6 | 7 × 12 | 7 × 5 | 7 × 8 | 7 × 4 |

| 7 × 10 | 7 × 2 | 7 × 3 | 7 × 7 | 7 × 9 |

Don't forget to record your score on the tracker page too!

Time

Score /25

Name :.. Date :............................

Time To Test

| 7 × 10 = | 7 × 8 = | 7 × 12 = | 7 × 5 = | 7 × 3 = |

| 7 × 2 = | 7 × 6 = | 7 × 1 = | 7 × 9 = | 7 × 11 = |

| 7 × 4 = | 7 × 7 = | 7 × 0 = | 7 × 11 = | 7 × 2 = |

| 7 × 10 = | 7 × 12 = | 7 × 3 = | 7 × 7 = | 7 × 6 = |

| 7 × 5 = | 7 × 9 = | 7 × 1 = | 7 × 4 = | 7 × 8 = |

Don't forget to record your score on the tracker page too!

Time

Score /25

Name :.. Date :............................

Time To Test

| 7 × 0 = | 7 × 2 = | 7 × 7 = | 7 × 11 = | 7 × 12 = |

| 7 × 3 = | 7 × 10 = | 7 × 4 = | 7 × 1 = | 7 × 6 = |

| 7 × 9 = | 7 × 8 = | 7 × 5 = | 7 × 10 = | 7 × 9 = |

| 7 × 4 = | 7 × 6 = | 7 × 8 = | 7 × 2 = | 7 × 11 = |

| 7 × 3 = | 7 × 0 = | 7 × 5 = | 7 × 7 = | 7 × 1 = |

Don't forget to record your score on the tracker page too!

Time

Score /25

Name :.. Date :............................

Time To Test

| 7 × 3 = | 7 × 6 = | 7 × 10 = | 7 × 9 = | 7 × 5 = |

| 7 × 7 = | 7 × 11 = | 7 × 8 = | 7 × 0 = | 7 × 4 = |

| 7 × 1 = | 7 × 12 = | 7 × 2 = | 7 × 5 = | 7 × 9 = |

| 7 × 2 = | 7 × 12 = | 7 × 8 = | 7 × 11 = | 7 × 0 = |

| 7 × 7 = | 7 × 4 = | 7 × 10 = | 7 × 6 = | 2 × 3 = |

Don't forget to record your score on the tracker page too!

Time

Score /25

77

Name :... Date :............................

Practice in order

8	8	8	8
x 0	x 1	x 2	x 3

8	8	8	8	8
x 4	x 5	x 6	x 7	x 8

8	8	8	8
x 9	x 10	x 11	x 12

Practice out of order

8	8	8
x 10	x 6	x 1

8	8	8	8	8
x 3	x 12	x 2	x 8	x 4

8	8	8	8	8
x 9	x 5	x 11	x 7	x 0

Name :.. Date :...........................

Practice in order

8 × 0 =	8 × 1 =	8 × 2 =	8 × 3 =
8 × 4 =	8 × 5 =	8 × 6 =	8 × 7 =	8 × 8 =
8 × 9 =	8 × 10 =	8 × 11 =	8 × 12 =

Practice out of order

8 × 7 =	8 × 9 =	8 × 12 =
8 × 11 =	8 × 2 =	8 × 8 =	8 × 1 =	8 × 3 =
8 × 4 =	8 × 6 =	8 × 0 =	8 × 10 =	8 × 5 =

79

Name :.. Date :...........................

Time To Test

8	8	8	8	8
x 8	x 5	x 11	x 2	x 6

8	8	8	8	8
x 7	x 12	x 4	x 0	x 10

8	8	8	8	8
x 1	x 9	x 3	x 0	x 7

8	8	8	8	8
x 4	x 9	x 5	x 11	x 3

8	8	8	8	8
x 10	x 2	x 8	x 6	x 1

Don't forget to record your score on the tracker page too!

Time

Score /25

Name :... Date :............................

Practice in order

| 8 × 0 = | 8 × 1 = | 8 × 2 = | 8 × 3 = |

| 8 × 4 = | 8 × 5 = | 8 × 6 = | 8 × 7 = | 8 × 8 = |

| 8 × 9 = | 8 × 10 = | 8 × 11 = | 8 × 12 = |

Practice out of order

| 8 × 6 = | 8 × 12 = | 8 × 3 = |

| 8 × 9 = | 8 × 1 = | 8 × 2 = | 8 × 8 = | 8 × 11 = |

| 8 × 7 = | 8 × 4 = | 8 × 10 = | 8 × 0 = | 8 × 5 = |

Name :... Date :............................

Practice in order

8 × 0 =	8 × 1 =	8 × 2 =	8 × 3 =
8 × 4 =	8 × 5 =	8 × 6 =	8 × 7 =	8 × 8 =
8 × 9 =	8 × 10 =	8 × 11 =	8 × 12 =

Practice out of order

8 × 7 =	8 × 4 =	8 × 10 =
8 × 12 =	8 × 0 =	8 × 8 =	8 × 1 =	8 × 5 =
8 × 3 =	8 × 6 =	8 × 11 =	8 × 2 =	8 × 9 =

82

Name :.. Date :............................

Time To Test

| 8 × 4 | 8 × 1 | 8 × 9 | 8 × 7 | 8 × 11 |

| 8 × 2 | 8 × 10 | 8 × 6 | 8 × 12 | 8 × 5 |

| 8 × 0 | 8 × 8 | 8 × 3 | 8 × 10 | 8 × 1 |

| 8 × 6 | 8 × 3 | 8 × 7 | 8 × 5 | 8 × 9 |

| 8 × 12 | 8 × 4 | 8 × 11 | 8 × 8 | 8 × 2 |

Don't forget to record your score on the tracker page too!

Time

Score /25

Name :... Date :............................

Practice in order

8 × 0 =	8 × 1 =	8 × 2 =	8 × 3 =

8 × 4 =	8 × 5 =	8 × 6 =	8 × 7 =	8 × 8 =

8 × 9 =	8 × 10 =	8 × 11 =	8 × 12 =

Practice out of order

8 × 12 =	8 × 6 =	8 × 3 =

8 × 7 =	8 × 8 =	8 × 11 =	8 × 0 =	8 × 2 =

8 × 9 =	8 × 1 =	8 × 5 =	8 × 4 =	8 × 10 =

84

Name :.. Date :............................

Time To Test

| 8 × 11 | 8 × 9 | 8 × 12 | 8 × 4 | 8 × 6 |

| 8 × 3 | 8 × 5 | 8 × 8 | 8 × 10 | 8 × 2 |

| 8 × 1 | 8 × 7 | 8 × 0 | 8 × 9 | 8 × 3 |

| 8 × 10 | 8 × 5 | 8 × 11 | 8 × 4 | 8 × 2 |

| 8 × 7 | 8 × 12 | 8 × 0 | 8 × 6 | 8 × 8 |

Don't forget to record your score on the tracker page too!

Time

Score /25

Name :... Date :............................

Time To Test

8 × 7 =	8 × 12 =	8 × 3 =	8 × 10 =	8 × 4 =
8 × 2 =	8 × 8 =	8 × 1 =	8 × 9 =	8 × 11 =
8 × 5 =	8 × 0 =	8 × 6 =	8 × 7 =	8 × 0 =
8 × 1 =	8 × 10 =	8 × 3 =	8 × 8 =	8 × 9 =
8 × 5 =	8 × 2 =	8 × 6 =	8 × 11 =	8 × 4 =

Don't forget to record your score on the tracker page too!

Time

Score /25

Name :.. Date :............................

Time To Test

| 8 × 8 = | 8 × 11 = | 8 × 5 = | 8 × 1 = | 8 × 6 = |

| 8 × 2 = | 8 × 0 = | 8 × 7 = | 8 × 10 = | 8 × 3 = |

| 8 × 12 = | 8 × 4 = | 8 × 9 = | 8 × 2 = | 8 × 0 = |

| 8 × 8 = | 8 × 3 = | 8 × 7 = | 8 × 4 = | 8 × 10 = |

| 8 × 1 = | 8 × 9 = | 8 × 6 = | 8 × 5 = | 8 × 11 = |

Don't forget to record your score on the tracker page too!

Time

Score /25

Name :.. Date :............................

Time To Test

8	8	8	8	8
x 6	x 3	x 4	x 8	x 2

8	8	8	8	8
x 10	x 7	x 9	x 5	x 0

8	8	8	8	8
x 11	x 12	x 1	x 9	x 10

8	8	8	8	8
x 1	x 4	x 2	x 6	x 0

8	8	8	8	8
x 11	x 8	x 5	x 3	x 7

Don't forget to record your score on the tracker page too!

Time

Score /25

Name :.. Date :............................

Time To Test

8 × 12	8 × 10	8 × 5	8 × 3	8 × 8
8 × 6	8 × 2	8 × 9	8 × 7	8 × 11
8 × 1	8 × 0	8 × 4	8 × 3	8 × 1
8 × 11	8 × 6	8 × 2	8 × 9	8 × 5
8 × 8	8 × 10	8 × 7	8 × 12	8 × 4

Don't forget to record your score on the tracker page too!

Time

Score /25

Name :.. Date :............................

Practice in order

9	9	9	9
x 0	x 1	x 2	x 3

9	9	9	9	9
x 4	x 5	x 6	x 7	x 8

9	9	9	9
x 9	x 10	x 11	x 12

Practice out of order

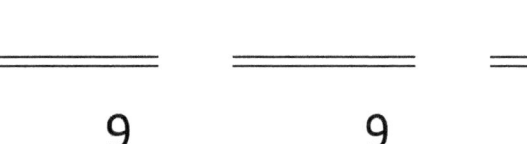

9	9	9
x 1	x 8	x 6

9	9	9	9	9
x 9	x 5	x 0	x 11	x 3

9	9	9	9	9
x 4	x 2	x 12	x 7	x 10

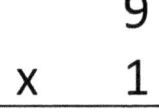

Name :... Date :............................

Practice in order

| 9 × 0 = | 9 × 1 = | 9 × 2 = | 9 × 3 = |

| 9 × 4 = | 9 × 5 = | 9 × 6 = | 9 × 7 = | 9 × 8 = |

| 9 × 9 = | 9 × 10 = | 9 × 11 = | 9 × 12 = |

Practice out of order

| 9 × 5 = | 9 × 12 = | 9 × 2 = |

| 9 × 11 = | 9 × 3 = | 9 × 8 = | 9 × 1 = | 9 × 6 = |

| 9 × 7 = | 9 × 9 = | 9 × 0 = | 9 × 4 = | 9 × 10 = |

91

Name :.. Date :........................

Time To Test

9 × 7	9 × 10	9 × 4	9 × 11	9 × 3
9 × 5	9 × 12	9 × 1	9 × 8	9 × 0
9 × 2	9 × 9	9 × 6	9 × 0	9 × 4
9 × 10	9 × 1	9 × 5	9 × 2	9 × 11
9 × 8	9 × 6	9 × 9	9 × 3	9 × 7

Don't forget to record your score on the tracker page too!

Time

Score /25

Name :.. Date :............................

Practice in order

```
    9        9        9        9
x   0    x   1    x   2    x   3
———      ———      ———      ———

    9        9        9        9        9
x   4    x   5    x   6    x   7    x   8
———      ———      ———      ———      ———

    9        9        9        9
x   9    x  10    x  11    x  12
———      ———      ———      ———
```

Practice out of order

```
    9        9        9
x  10    x   4    x   0
———      ———      ———

    9        9        9        9        9
x   9    x   5    x  11    x   1    x   7
———      ———      ———      ———      ———

    9        9        9        9        9
x   6    x   8    x   2    x  12    x   3
———      ———      ———      ———      ———
```

Name :... Date :............................

Practice in order

```
   9        9        9        9
x  0     x  1     x  2     x  3
======   ======   ======   ======

   9        9        9        9        9
x  4     x  5     x  6     x  7     x  8
======   ======   ======   ======   ======

   9        9        9        9
x  9     x 10     x 11     x 12
======   ======   ======   ======
```

Practice out of order

```
   9        9        9
x  0     x  9     x  5
======   ======   ======

   9        9        9        9        9
x  8     x  7     x 11     x  4     x 12
======   ======   ======   ======   ======

   9        9        9        9        9
x  6     x  2     x  1     x 10     x  3
======   ======   ======   ======   ======
```

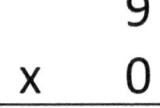

Name :... Date :............................

Time To Test

| 9 × 9 = | 9 × 4 = | 9 × 7 = | 9 × 11 = | 9 × 5 = |

| 9 × 0 = | 9 × 8 = | 9 × 10 = | 9 × 1 = | 9 × 12 = |

| 9 × 3 = | 9 × 6 = | 9 × 2 = | 9 × 0 = | 9 × 8 = |

| 9 × 1 = | 9 × 5 = | 9 × 9 = | 9 × 2 = | 9 × 4 = |

| 9 × 6 = | 9 × 11 = | 9 × 7 = | 9 × 3 = | 9 × 10 = |

Don't forget to record your score on the tracker page too!

Time

Score /25

Name :.. Date :...........................

Practice in order

```
    9         9         9         9
x   0     x   1     x   2     x   3
___       ___       ___       ___

    9         9         9         9         9
x   4     x   5     x   6     x   7     x   8
___       ___       ___       ___       ___

    9         9         9         9
x   9     x  10     x  11     x  12
___       ___       ___       ___
```

Practice out of order

```
    9         9         9
x  10     x   4     x   1
___       ___       ___

    9         9         9         9         9
x   2     x   6     x  11     x   0     x   9
___       ___       ___       ___       ___

    9         9         9         9         9
x   8     x   3     x  12     x   7     x   5
___       ___       ___       ___       ___
```

Time To Test

9 × 1 =	9 × 5 =	9 × 11 =	9 × 3 =	9 × 6 =
9 × 8 =	9 × 7 =	9 × 2 =	9 × 10 =	9 × 4 =
9 × 0 =	9 × 12 =	9 × 9 =	9 × 12 =	9 × 11 =
9 × 10 =	9 × 9 =	9 × 4 =	9 × 1 =	9 × 8 =
9 × 5 =	9 × 2 =	9 × 7 =	9 × 6 =	9 × 3 =

Don't forget to record your score on the tracker page too!

Time

Score /25

Name :... Date :............................

Time To Test

9 × 12 =	9 × 2 =	9 × 8 =	9 × 6 =	9 × 10 =
9 × 9 =	9 × 5 =	9 × 11 =	9 × 0 =	9 × 3 =
9 × 1 =	9 × 4 =	9 × 7 =	9 × 10 =	9 × 8 =
9 × 0 =	9 × 3 =	9 × 4 =	9 × 1 =	9 × 2 =
9 × 6 =	9 × 7 =	9 × 9 =	9 × 12 =	9 × 5 =

Don't forget to record your score on the tracker page too!

Time

Score /25

Name :... Date :............................

Time To Test

9 × 7	9 × 9	9 × 4	9 × 12	9 × 6

9 × 10	9 × 0	9 × 8	9 × 3	9 × 2

9 × 11	9 × 1	9 × 5	9 × 8	9 × 4

9 × 0	9 × 9	9 × 1	9 × 6	9 × 5

9 × 7	9 × 12	9 × 2	9 × 3	9 × 11

Don't forget to record your score on the tracker page too!

Time

Score /25

Name :.. Date :........................

Time To Test

9 × 8	9 × 6	9 × 2	9 × 4	9 × 11
9 × 1	9 × 0	9 × 5	9 × 12	9 × 7
9 × 10	9 × 9	9 × 3	9 × 5	9 × 2
9 × 7	9 × 4	9 × 6	9 × 10	9 × 9
9 × 3	9 × 12	9 × 8	9 × 1	9 × 11

Don't forget to record your score on the tracker page too!

Time

Score /25

100

Time To Test

9 × 11	9 × 7	9 × 2	9 × 5	9 × 9
9 × 6	9 × 0	9 × 1	9 × 4	9 × 12
9 × 10	9 × 3	9 × 8	9 × 5	9 × 0
9 × 4	9 × 2	9 × 10	9 × 1	9 × 6
9 × 11	9 × 7	9 × 3	9 × 8	9 × 9

Don't forget to record your score on the tracker page too!

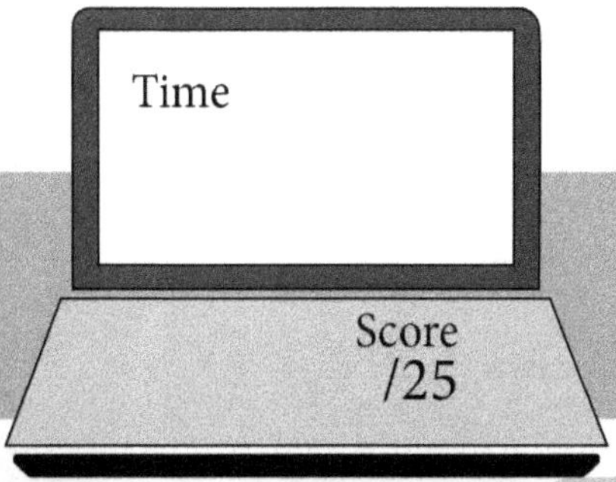

Time

Score /25

Name :.. Date :...........................

Practice in order

10	10	10	10
x 0	x 1	x 2	x 3

10	10	10	10	10
x 4	x 5	x 6	x 7	x 8

10	10	10	10
x 9	x 10	x 11	x 12

Practice out of order

10	10	10
x 6	x 0	x 1

10	10	10	10	10
x 12	x 2	x 9	x 5	x 8

10	10	10	10	10
x 7	x 11	x 4	x 10	x 3

102

Name :.. Date :...........................

Practice in order

10 × 0	10 × 1	10 × 2	10 × 3

10 × 4	10 × 5	10 × 6	10 × 7	10 × 8

10 × 9	10 × 10	10 × 11	10 × 12

Practice out of order

10 × 12	10 × 5	10 × 9

10 × 2	10 × 8	10 × 4	10 × 10	10 × 0

10 × 11	10 × 3	10 × 6	10 × 1	10 × 7

Name :.. Date :............................

Time To Test

10	10	10	10	10
x 8	x 3	x 12	x 4	x 7

10	10	10	10	10
x 10	x 1	x 9	x 6	x 11

10	10	10	10	10
x 0	x 2	x 5	x 1	x 3

10	10	10	10	10
x 6	x 11	x 2	x 5	x 9

10	10	10	10	10
x 7	x 8	x 4	x 10	x 0

Don't forget to record your score on the tracker page too!

Time

Score /25

Name :... Date :...........................

Practice in order

10 × 0 =	10 × 1 =	10 × 2 =	10 × 3 =
10 × 4 =	10 × 5 =	10 × 6 =	10 × 7 =	10 × 8 =
10 × 9 =	10 × 10 =	10 × 11 =	10 × 12 =

Practice out of order

10 × 11 =	10 × 0 =	10 × 10 =
10 × 3 =	10 × 9 =	10 × 4 =	10 × 1 =	10 × 8 =
10 × 6 =	10 × 2 =	10 × 7 =	10 × 5 =	10 × 12 =

105

Name : .... Date :............................

Practice in order

| 10 | 10 | 10 | 10 |
| x 0 | x 1 | x 2 | x 3 |

| 10 | 10 | 10 | 10 | 10 |
| x 4 | x 5 | x 6 | x 7 | x 8 |

| 10 | 10 | 10 | 10 |
| x 9 | x 10 | x 11 | x 12 |

Practice out of order

| 10 | 10 | 10 |
| x 7 | x 9 | x 6 |

| 10 | 10 | 10 | 10 | 10 |
| x 1 | x 8 | x 2 | x 3 | x 0 |

| 10 | 10 | 10 | 10 | 10 |
| x 12 | x 10 | x 11 | x 4 | x 5 |

106

Time To Test

10 × 8 =	10 × 10 =	10 × 3 =	10 × 4 =	10 × 1 =
10 × 2 =	10 × 6 =	10 × 0 =	10 × 5 =	10 × 12 =
10 × 11 =	10 × 7 =	10 × 9 =	10 × 3 =	10 × 8 =
10 × 10 =	10 × 5 =	10 × 4 =	10 × 12 =	10 × 6 =
10 × 1 =	10 × 11 =	10 × 2 =	10 × 9 =	10 × 7 =

Don't forget to record your score on the tracker page too!

Time

Score /25

Name :.. Date :............................

Practice in order

10	10	10	10
x 0	x 1	x 2	x 3

10	10	10	10	10
x 4	x 5	x 6	x 7	x 8

10	10	10	10
x 9	x 10	x 11	x 12

Practice out of order

10	10	10
x 10	x 12	x 2

10	10	10	10	10
x 0	x 9	x 11	x 1	x 3

10	10	10	10	10
x 7	x 5	x 6	x 4	x 8

Name :.................................... Date :........................

Time To Test

| 10 × 9 | 10 × 7 | 10 × 3 | 10 × 4 | 10 × 8 |

| 10 × 12 | 10 × 1 | 10 × 5 | 10 × 6 | 10 × 10 |

| 10 × 2 | 10 × 0 | 10 × 11 | 10 × 4 | 10 × 7 |

| 10 × 0 | 10 × 9 | 10 × 2 | 10 × 10 | 10 × 1 |

| 10 × 3 | 10 × 8 | 10 × 5 | 10 × 11 | 10 × 6 |

Don't forget to record your score on the tracker page too!

Time

Score /25

Name :... Date :..........................

Time To Test

10 × 7 =	10 × 6 =	10 × 4 =	10 × 12 =	10 × 1 =
10 × 10 =	10 × 2 =	10 × 3 =	10 × 11 =	10 × 9 =
10 × 0 =	10 × 8 =	10 × 5 =	10 × 4 =	10 × 5 =
10 × 10 =	10 × 6 =	10 × 11 =	10 × 7 =	10 × 2 =
10 × 9 =	10 × 12 =	10 × 3 =	10 × 1 =	10 × 8 =

Don't forget to record your score on the tracker page too!

Time

Score /25

Name :... Date :............................

Time To Test

10 × 11	10 × 5	10 × 1	10 × 0	10 × 12
10 × 4	10 × 2	10 × 6	10 × 8	10 × 10
10 × 9	10 × 3	10 × 7	10 × 4	10 × 1
10 × 6	10 × 10	10 × 2	10 × 7	10 × 12
10 × 3	10 × 8	10 × 11	10 × 9	10 × 5

Don't forget to record your score on the tracker page too!

Time

Score /25

Name :.. Date :..........................

Time To Test

```
  10      10      10      10      10
x  5    x  3    x  8    x 10    x  1
____    ____    ____    ____    ____


  10      10      10      10      10
x  7    x  0    x  2    x 11    x  6
____    ____    ____    ____    ____


  10      10      10      10      10
x  4    x 12    x  9    x  8    x  5
____    ____    ____    ____    ____


  10      10      10      10      10
x 11    x 10    x  1    x  6    x  3
____    ____    ____    ____    ____


  10      10       0      10      10
x  2    x  9    x  4    x  7    x  0
____    ____    ____    ____    ____
```

Don't forget to record your score on the tracker page too!

Time

Score /25

Name :.. Date :...........................

Time To Test

10 × 11	10 × 4	10 × 1	10 × 2	10 × 9
10 × 3	10 × 6	10 × 10	10 × 8	10 × 7
10 × 5	10 × 0	10 × 12	10 × 10	10 × 0
10 × 1	10 × 7	10 × 3	10 × 5	10 × 6
10 × 8	10 × 12	10 × 2	10 × 4	10 × 9

Don't forget to record your score on the tracker page too!

Time

Score /25

Name :... Date :............................

Practice in order

11 × 0	11 × 1	11 × 2	11 × 3

11 × 4	11 × 5	11 × 6	11 × 7	11 × 8

11 × 9	11 × 10	11 × 11	11 × 12

Practice out of order

11 × 7	11 × 3	11 × 11

11 × 4	11 × 6	11 × 12	11 × 5	11 × 0

11 × 10	11 × 8	11 × 1	11 × 2	11 × 9

Name :... Date :..........................

Practice in order

11 × 0 =	11 × 1 =	11 × 2 =	11 × 3 =
11 × 4 =	11 × 5 =	11 × 6 =	11 × 7 =	11 × 8 =
11 × 9 =	11 × 10 =	11 × 11 =	11 × 12 =

Practice out of order

11 × 3 =	11 × 1 =	11 × 6 =
11 × 7 =	11 × 11 =	11 × 0 =	11 × 10 =	11 × 5 =
11 × 8 =	11 × 2 =	11 × 9 =	11 × 4 =	11 × 12 =

Name :.. Date :..........................

Time To Test

11	11	11	11	11
x 2	x 9	x 4	x 11	x 6

11	11	11	11	11
x 1	x 8	x 3	x 5	x 7

11	11	11	11	11
x 10	x 12	x 0	x 8	x 10

11	11	11	11	11
x 11	x 2	x 7	x 4	x 0

11	11	11	11	11
x 6	x 3	x 5	x 9	x 1

Don't forget to record your score on the tracker page too!

Time

Score /25

116

Name :.. Date :...........................

Practice in order

| 11 × 0 = | 11 × 1 = | 11 × 2 = | 11 × 3 = |

| 11 × 4 = | 11 × 5 = | 11 × 6 = | 11 × 7 = | 11 × 8 = |

| 11 × 9 = | 11 × 10 = | 11 × 11 = | 11 × 12 = |

Practice out of order

| 11 × 0 = | 11 × 6 = | 11 × 8 = |

| 11 × 7 = | 11 × 2 = | 11 × 4 = | 11 × 5 = | 11 × 12 = |

| 11 × 3 = | 11 × 10 = | 11 × 11 = | 11 × 9 = | 11 × 1 = |

Name :... Date :...........................

Practice in order

```
   11        11        11        11
x   0     x   1     x   2     x   3
━━━━━     ━━━━━     ━━━━━     ━━━━━

   11        11        11        11       11
x   4     x   5     x   6     x   7    x   8
━━━━━     ━━━━━     ━━━━━     ━━━━━    ━━━━━

   11        11        11        11
x   9     x  10     x  11     x  12
━━━━━     ━━━━━     ━━━━━     ━━━━━
```

Practice out of order

```
   11        11        11
x   2     x   7     x  10
━━━━━     ━━━━━     ━━━━━

   11        11        11        11       11
x   9     x   4     x   6     x   1    x  11
━━━━━     ━━━━━     ━━━━━     ━━━━━    ━━━━━

   11        11        11        11       11
x   3     x  12     x   8     x   5    x   0
━━━━━     ━━━━━     ━━━━━     ━━━━━    ━━━━━
```

Time To Test

11 × 10 =	11 × 5 =	11 × 7 =	11 × 0 =	11 × 8 =
11 × 3 =	11 × 12 =	11 × 1 =	11 × 4 =	11 × 6 =
11 × 2 =	11 × 9 =	11 × 11 =	11 × 0 =	11 × 2 =
11 × 1 =	11 × 6 =	11 × 7 =	11 × 12 =	11 × 5 =
11 × 10 =	11 × 3 =	11 × 9 =	11 × 4 =	11 × 8 =

Don't forget to record your score on the tracker page too!

Time

Score /25

Name :.. Date :..........................

Practice in order

11 × 0	11 × 1	11 × 2	11 × 3

11 × 4	11 × 5	11 × 6	11 × 7	11 × 8

11 × 9	11 × 10	11 × 11	11 × 12

Practice out of order

11 × 2	11 × 8	11 × 0

11 × 7	11 × 4	11 × 10	11 × 9	11 × 3

11 × 11	11 × 12	11 × 5	11 × 1	11 × 6

Name :... Date :............................

Time To Test

| 11 × 5 | 11 × 2 | 11 × 10 | 11 × 7 | 11 × 12 |

| 11 × 3 | 11 × 6 | 11 × 4 | 11 × 0 | 11 × 8 |

| 11 × 9 | 11 × 11 | 11 × 1 | 11 × 6 | 11 × 10 |

| 11 × 4 | 11 × 9 | 11 × 0 | 11 × 7 | 11 × 1 |

| 11 × 11 | 11 × 3 | 11 × 5 | 11 × 8 | 11 × 2 |

Don't forget to record your score on the tracker page too!

Time

Score /25

Name :.. Date :............................

Time To Test

11 x 11 =	11 x 6 =	11 x 0 =	11 x 3 =	11 x 8 =
11 x 9 =	11 x 10 =	11 x 1 =	11 x 12 =	11 x 4 =
11 x 2 =	11 x 7 =	11 x 5 =	11 x 4 =	11 x 1 =
11 x 8 =	11 x 12 =	11 x 2 =	11 x 9 =	11 x 11 =
11 x 6 =	11 x 3 =	11 x 10 =	11 x 7 =	11 x 5 =

Don't forget to record your score on the tracker page too!

Time

Score /25

Name :.. Date :............................

Time To Test

| 11 × 4 | 11 × 0 | 11 × 7 | 11 × 10 | 11 × 1 |

| 11 × 3 | 11 × 9 | 11 × 11 | 11 × 5 | 11 × 2 |

| 11 × 12 | 11 × 6 | 11 × 8 | 11 × 4 | 11 × 9 |

| 11 × 3 | 11 × 11 | 11 × 0 | 11 × 5 | 11 × 6 |

| 11 × 10 | 11 × 1 | 11 × 8 | 11 × 2 | 11 × 7 |

Don't forget to record your score on the tracker page too!

Time

Score /25

123

Name :.. Date :...........................

Time To Test

11 × 12	11 × 8	11 × 3	11 × 5	11 × 0
11 × 7	11 × 6	11 × 9	11 × 11	11 × 1
11 × 2	11 × 10	11 × 4	11 × 6	11 × 1
11 × 4	11 × 7	11 × 12	11 × 8	11 × 2
11 × 11	11 × 3	11 × 9	11 × 5	11 × 10

Don't forget to record your score on the tracker page too!

Time

Score /25

Name :.. Date :...............................

Time To Test

11	11	11	11	11
x 10	x 7	x 4	x 6	x 12

11	11	11	11	11
x 1	x 5	x 0	x 3	x 9

11	11	11	11	11
x 2	x 11	x 8	x 1	x 10

11	11	11	11	11
x 9	x 4	x 5	x 0	x 6

11	11	11	11	11
x 3	x 8	x 2	x 7	x 11

Don't forget to record your score on the tracker page too!

Time

Score /25

Name :.. Date :...........................

Practice in order

12 × 0 =	12 × 1 =	12 × 2 =	12 × 3 =
12 × 4 =	12 × 5 =	12 × 6 =	12 × 7 =	12 × 8 =
12 × 9 =	12 × 10 =	12 × 11 =	12 × 12 =

Practice out of order

12 × 5 =	12 × 10 =	12 × 7 =
12 × 1 =	12 × 12 =	12 × 6 =	12 × 11 =	12 × 3 =
12 × 0 =	12 × 4 =	12 × 9 =	12 × 2 =	12 × 8 =

Name :.. Date :............................

Practice in order

```
   12        12        12        12
 x  0      x  1      x  2      x  3
 ====      ====      ====      ====

   12        12        12        12        12
 x  4      x  5      x  6      x  7      x  8
 ====      ====      ====      ====      ====

   12        12        12        12
 x  9      x 10      x 11      x 12
 ====      ====      ====      ====
```

Practice out of order

```
   12        12        12
 x 11      x  2      x  6
 ====      ====      ====

   12        12        12        12        12
 x 12      x  8      x  0      x  1      x 10
 ====      ====      ====      ====      ====

   12        12        12        12        12
 x  9      x  3      x  5      x  4      x  7
 ====      ====      ====      ====      ====
```

127

Name :.. Date :............................

Time To Test

12 × 9	12 × 6	12 × 1	12 × 7	12 × 4

12 × 0	12 × 11	12 × 5	12 × 10	12 × 2

12 × 12	12 × 3	12 × 8	12 × 0	12 × 3

12 × 4	12 × 2	12 × 11	12 × 5	12 × 7

12 × 8	12 × 9	12 × 6	12 × 1	12 × 10

Don't forget to record your score on the tracker page too!

Time

Score /25

Name :... Date :...........................

Practice in order

12 × 0 =	12 × 1 =	12 × 2 =	12 × 3 =
12 × 4 =	12 × 5 =	12 × 6 =	12 × 7 =	12 × 8 =
12 × 9 =	12 × 10 =	12 × 11 =	12 × 12 =

Practice out of order

12 × 3 =	12 × 8 =	12 × 4 =
12 × 10 =	12 × 0 =	12 × 5 =	12 × 11 =	12 × 1 =
12 × 6 =	12 × 12 =	12 × 2 =	12 × 9 =	12 × 7 =

Name :... Date :............................

Practice in order

12	12	12	12
x 0	x 1	x 2	x 3

12	12	12	12	12
x 4	x 5	x 6	x 7	x 8

12	12	12	12
x 9	x 10	x 11	x 12

Practice out of order

12	12	12
x 10	x 2	x 6

12	12	12	12	12
x 11	x 4	x 1	x 9	x 5

12	12	12	12	12
x 3	x 12	x 7	x 0	x 8

Time To Test

| 12 × 9 = | 12 × 7 = | 12 × 11 = | 12 × 5 = | 12 × 1 = |

| 12 × 6 = | 12 × 10 = | 12 × 8 = | 12 × 12 = | 12 × 2 = |

| 12 × 3 = | 12 × 0 = | 12 × 4 = | 12 × 1 = | 12 × 9 = |

| 12 × 0 = | 12 × 4 = | 12 × 6 = | 12 × 10 = | 12 × 2 = |

| 12 × 7 = | 12 × 11 = | 12 × 8 = | 12 × 3 = | 12 × 5 = |

Don't forget to record your score on the tracker page too!

Time

Score /25

Name :... Date :............................

Practice in order

12 × 0	12 × 1	12 × 2	12 × 3

12 × 4	12 × 5	12 × 6	12 × 7	12 × 8

12 × 9	12 × 10	12 × 11	12 × 12

Practice out of order

12 × 5	1 2 × 6	12 × 1

12 × 3	12 × 12	12 × 4	12 × 7	12 × 11

12 × 9	12 × 10	12 × 2	12 × 0	12 × 8

Name :.. Date :............................

Time To Test

12 × 8 =	12 × 5 =	12 × 2 =	12 × 10 =	12 × 0 =
12 × 9 =	12 × 12 =	12 × 7 =	12 × 11 =	12 × 3 =
12 × 4 =	12 × 6 =	12 × 1 =	12 × 8 =	12 × 1 =
12 × 11 =	12 × 9 =	12 × 4 =	12 × 10 =	12 × 5 =
12 × 3 =	12 × 12 =	12 × 6 =	12 × 2 =	12 × 7 =

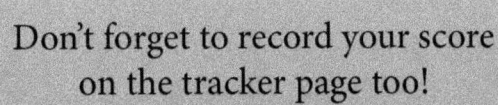

Don't forget to record your score on the tracker page too!

Time

Score /25

Name :.. Date :...........................

Time To Test

12	12	12	12	12
x 12	x 7	x 4	x 0	x 8

12	12	12	12	12
x 9	x 6	x 11	x 5	x 10

12	12	12	12	12
x 1	x 3	x 2	x 0	x 1

12	12	12	12	12
x 10	x 2	x 12	x 3	x 6

12	12	12	12	12
x 8	x 7	x 5	x 9	x 4

Don't forget to record your score on the tracker page too!

Time

Score /25

Name :... Date :............................

Time To Test

12 × 11 =	12 × 1 =	12 × 9 =	12 × 2 =	12 × 6 =
12 × 8 =	12 × 3 =	12 × 0 =	12 × 4 =	12 × 12 =
12 × 10 =	12 × 5 =	12 × 7 =	12 × 9 =	12 × 10 =
12 × 3 =	12 × 7 =	12 × 12 =	12 × 5 =	12 × 8 =
12 × 2 =	12 × 4 =	12 × 6 =	12 × 1 =	12 × 11 =

Don't forget to record your score on the tracker page too!

Time

Score /25

Name :.. Date :............................

Time To Test

| 12 | 12 | 12 | 12 | 12 |
| x 1 | x 5 | x 2 | x 7 | x 4 |

| 12 | 12 | 12 | 12 | 12 |
| x 10 | x 0 | x 11 | x 3 | x 9 |

| 12 | 12 | 12 | 12 | 12 |
| x 12 | x 6 | x 8 | x 5 | x 11 |

| 12 | 12 | 12 | 12 | 12 |
| x 4 | x 3 | x 7 | x 1 | x 8 |

| 12 | 12 | 12 | 12 | 12 |
| x 9 | x 2 | x 12 | x 6 | x 10 |

Don't forget to record your score on the tracker page too!

Time

Score /25

Name :.. Date :............................

Time To Test

12 × 7	12 × 3	12 × 10	12 × 12	12 × 4
12 × 2	12 × 11	12 × 6	12 × 9	12 × 5
12 × 8	12 × 0	12 × 1	12 × 8	12 × 3
12 × 4	12 × 3	12 × 2	12 × 11	12 × 0
12 × 5	12 × 10	12 × 1	12 × 7	12 × 6

Don't forget to record your score on the tracker page too!

Time

Score /25

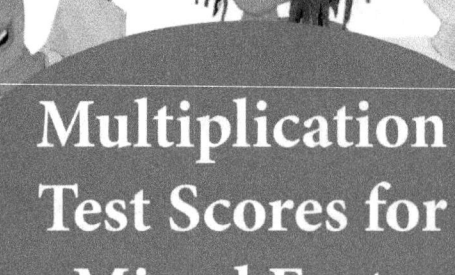

Multiplication Test Scores for Mixed Facts

Record your test scores on this page.

Score 1	Score 2	Score 3	Score 4	Score 5
/25	/25	/25	/25	/25
Score 6	**Score 7**	**Score 8**	**Score 9**	**Score 10**
/25	/25	/25	/25	/25
Score 11	**Score 12**	**Score 13**	**Score 14**	**Score 15**
/25	/25	/25	/25	/25
Score 16	**Score 17**	**Score 18**	**Score 19**	**Score 20**
/25	/25	/25	/25	/25
Score 21	**Score 22**	**Score 23**	**Score 24**	**Score 25**
/25	/25	/25	/25	/25

Score 26	Score 27	Score 28	Score 29	Score 30
/25	/25	/25	/25	/25
Score 31	Score 32	Score 33	Score 34	Score 35
/25	/25	/25	/25	/25
Score 36	Score 37	Score 38	Score 39	Score 40
/25	/25	/25	/25	/25
Score 41	Score 42	Score 43	Score 44	Score 45
/25	/25	/25	/25	/25
Score 46	Score 47	Score 48	Score 49	Score 50
/25	/25	/25	/25	/25
Score 51	Score 52	Score 53	Score 54	Score 55
/25	/25	/25	/25	/25

Name :... Date :...........................

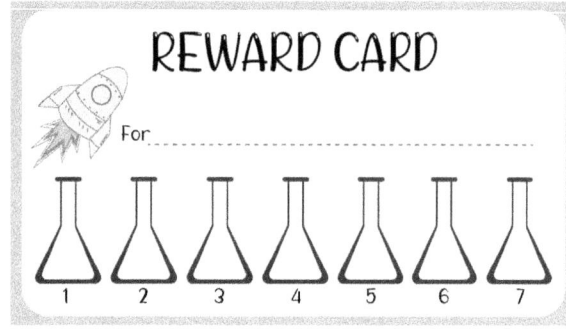

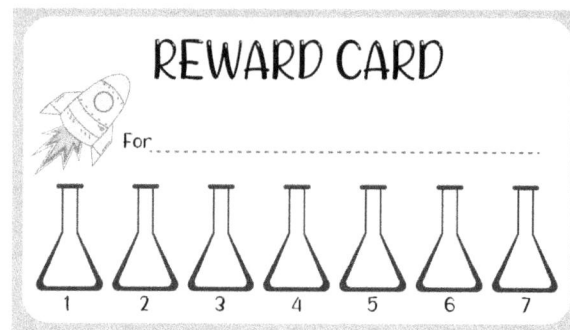

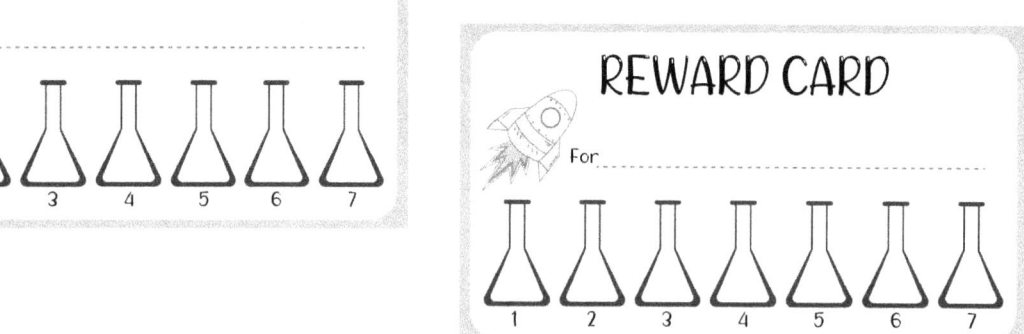

Directions: **When you take a test, color in a test tube.**

140

Name :.. Date :...........................

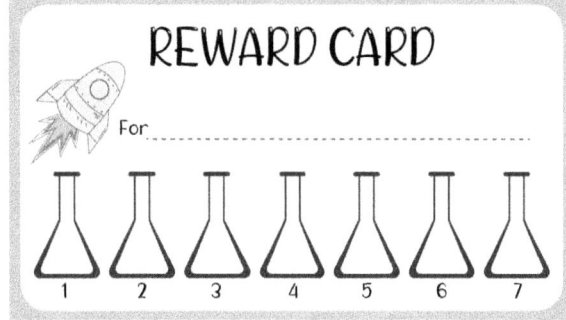
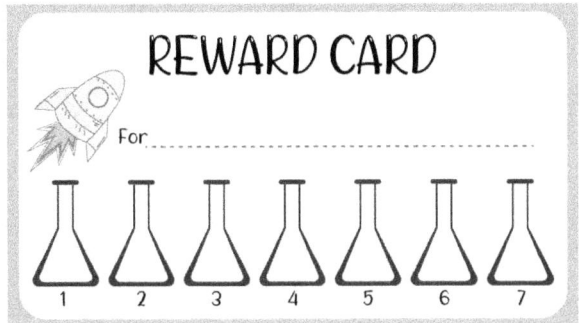

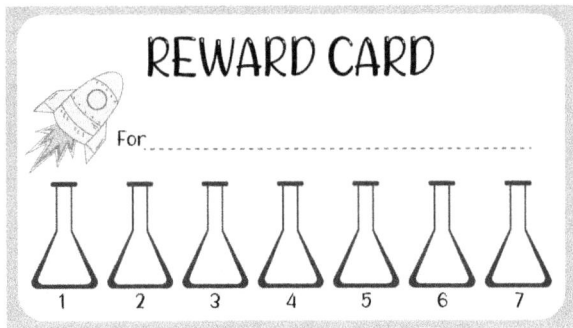

Directions: **When you take a test, color in a test tube.**

Name :.. Date :...........................

Test on mixed facts

| 3 | 12 | 7 | 8 |
| x 4 | x 5 | x 6 | x 9 |

| 10 | 11 | 8 | 4 | 2 |
| x 1 | x 2 | x 4 | x 4 | x 12 |

| 9 | 7 | 0 | 2 | 5 |
| x 7 | x 3 | x 10 | x 8 | x 5 |

| 0 | 4 | 6 | 11 | 1 |
| x 12 | x 6 | x 2 | x 7 | x 3 |

| 9 | 3 | 1 |
| x 11 | x 2 | x 12 |

| 5 | 10 | 6 |
| x 9 | x 8 | x 10 |

Time

Score /25

Name :.. Date :..........................

Test on mixed facts

```
    9        10         1        12
x   9     x   2      x   8     x   6
─────     ─────      ─────     ─────


    5        10         2        12        11
x   4     x   5      x   7     x   3     x  11
─────     ─────      ─────     ─────     ─────


    6         6        11         7         9
x   1     x   8      x   0     x   7     x  10
─────     ─────      ─────     ─────     ─────


    4        10         3         1         3
x   2     x  10      x  11     x   1     x   9
─────     ─────      ─────     ─────     ─────


    7         8         2
x   5     x   3      x   0
─────     ─────      ─────


    4         7         5
x  12     x   4      x   6
─────     ─────      ─────
```

Time

Score /25

Name :.. Date :............................

Test on mixed facts

```
    7        5        8       11
x   3    x   0    x   4    x  10
_____    _____    _____    _____


    1        6       10        9        8
x   4    x   1    x   4    x  10    x   0
_____    _____    _____    _____    _____


   12        5        6       10       11
x   3    x   1    x   9    x   2    x   2
_____    _____    _____    _____    _____


    3       12        9        2        7
x   5    x   7    x   3    x   8    x  12
_____    _____    _____    _____    _____


    4        2        5
x   6    x   7    x   8
_____    _____    _____


    9       11        7
x   0    x   6    x   1
_____    _____    _____
```

Time

Score /25

144

Name :.. Date :............................

Test on mixed facts

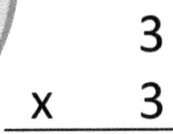

3 × 3	5 × 8	10 × 7	8 × 11

2 × 6	1 × 9	10 × 10	9 × 6	5 × 4

4 × 9	0 × 7	3 × 4	5 × 9	8 × 1

3 × 10	0 × 0	11 × 4	7 × 8	2 × 2

7 × 8	5 × 2	3 × 6

12 × 10	2 × 9	11 × 5

Time

Score /25

Name :.. Date :........................

Test on mixed facts

```
    4        3       11        6
x   7    x   8    x   4    x   6
─────    ─────    ─────    ─────
═════    ═════    ═════    ═════


    2       12        5        4        9
x   5    x   2    x   5    x  10    x   5
─────    ─────    ─────    ─────    ─────
═════    ═════    ═════    ═════    ═════


    9       11        9        0        1
x   8    x   3    x   7    x   3    x   1
─────    ─────    ─────    ─────    ─────
═════    ═════    ═════    ═════    ═════


   12        5        4        0       10
x   4    x   7    x   9    x   6    x   3
─────    ─────    ─────    ─────    ─────
═════    ═════    ═════    ═════    ═════


    7        1        4
x   6    x   2    x   4
─────    ─────    ─────
═════    ═════    ═════


   11        2        3
x  12    x   4    x   3
─────    ─────    ─────
═════    ═════    ═════
```

Time

Score /25

Name :.. Date :...........................

Test on mixed facts

```
    3        12        10         2
x   2     x   1     x   8     x   9
_____   _____   _____   _____
=======   =======   =======   =======

    5         6         7        12         7
x   3     x   3     x   7     x  10     x   9
_____   _____   _____   _____   _____
=======   =======   =======   =======   =======

    0         7        12         4         5
x   1     x   4     x  12     x   4     x   6
_____   _____   _____   _____   _____
=======   =======   =======   =======   =======

   10         7         3         4        11
x  11     x   1     x   5     x   0     x   1
_____   _____   _____   _____   _____
=======   =======   =======   =======   =======

    2         6        11
x   2     x  10     x   5
_____   _____   _____
=======   =======   =======

   12         8        10
x   9     x   8     x   5
_____   _____   _____
=======   =======   =======
```

Time

Score /25

Name : .... Date : ....

Test on mixed facts

10	1	8	5
x 7	x 2	x 9	x 4
=====	====	====	====

| 12 | 12 | 7 | 4 | 7 |
| x 10 | x 4 | x 3 | x 6 | x 2 |

| 9 | 3 | 7 | 2 | 10 |
| x 2 | x 1 | x 8 | x 11 | x 4 |

| 4 | 4 | 6 | 10 | 11 |
| x 2 | x 9 | x 2 | x 0 | x 7 |

| 8 | 8 | 3 |
| x 8 | x 5 | x 3 |

| 11 | 4 | 6 |
| x 11 | x 1 | x 3 |

Time

Score /25

148

Name :.. Date :...........................

Test on mixed facts

7	8	5	10
x 7	x 6	x 5	x 1

5	11	0	6	10
x 2	x 2	x 9	x 6	x 7

4	8	5	8	2
x 8	x 6	x 1	x 3	x 2

6	3	11	12	7
x 9	x 4	x 8	x 0	x 6

8	9	12
x 2	x 3	x 8

3	8	11
x 10	x 8	x 3

Time

Score /25

Test on mixed facts

| 0 | 6 | 7 | 4 |
| x 2 | x 3 | x 5 | x 2 |

| 3 | 12 | 5 | 7 | 5 |
| x 2 | x 10| x 6 | x 9 | x 10|

| 0 | 11 | 4 | 1 | 6 |
| x 0 | x 1 | x 7 | x 9 | x 11|

| 4 | 0 | 10 | 4 | 8 |
| x 8 | x 6 | x 2 | x 1 | x 7 |

| 12 | 3 | 9 |
| x 12| x 4 | x 8 |

| 11 | 6 | 5 |
| x 5 | x 6 | x 2 |

Time

Score /25

Name :.. Date :...........................

Test on mixed facts

```
    5        9        5        6
x   5    x   3    x   8    x   2
_____    _____    _____    _____


    7       10        7       11        3
x  10    x   8    x   2    x   6    x   0
_____    _____    _____    _____    _____


   12        3        6        2       10
x  12    x   8    x   1    x   9    x   2
_____    _____    _____    _____    _____


    6        9        6        6        3
x   4    x   9    x   8    x   5    x   3
_____    _____    _____    _____    _____


   12        7       11
x   6    x   1    x  11
_____    _____    _____


    4       12        5
x   4    x  11    x   0
_____    _____    _____
```

Time

Score /25

Test on mixed facts

| 7 × 6 = | 10 × 11 = | 2 × 0 = | 6 × 8 = |

| 5 × 9 = | 12 × 2 = | 2 × 11 = | 5 × 4 = | 2 × 2 = |

| 1 × 8 = | 2 × 8 = | 7 × 7 = | 5 × 10 = | 6 × 9 = |

| 11 × 4 = | 12 × 12 = | 5 × 3 = | 12 × 5 = | 3 × 1 = |

| 6 × 6 = | 11 × 3 = | 9 × 1 = |

| 10 × 10 = | 9 × 9 = | 3 × 8 = |

Time

Score /25

Name :... Date :............................

Test on mixed facts

| 3 × 2 | 4 × 4 | 9 × 7 | 8 × 3 |

| 1 × 0 | 6 × 4 | 12 × 3 | 2 × 9 | 4 × 11 |

| 11 × 5 | 4 × 9 | 1 × 5 | 5 × 7 | 11 × 12 |

| 8 × 6 | 10 × 10 | 11 × 7 | 4 × 0 | 10 × 4 |

| 12 × 7 | 11 × 8 | 7 × 3 |

| 12 × 4 | 6 × 10 | 12 × 5 |

Time

Score /25

Test on mixed facts

| 10 × 0 = | 2 × 3 = | 11 × 7 = | 9 × 5 = |

| 2 × 2 = | 3 × 1 = | 8 × 4 = | 7 × 2 = | 8 × 8 = |

| 0 × 11 = | 7 × 7 = | 6 × 2 = | 8 × 9 = | 6 × 7 = |

| 1 × 1 = | 9 × 4 = | 11 × 11 = | 3 × 10 = | 1 × 6 = |

| 10 × 4 = | 7 × 0 = | 6 × 6 = |

| 8 × 2 = | 11 × 9 = | 10 × 8 = |

Time

Score /25

Name :.. Date :...........................

Test on mixed facts

```
   12        5       12        9
x   7    x   5    x  10    x   0
_____   _____   _____   _____
```

```
    8       11        7        2        7
x   8    x   4    x   3    x   5    x   4
_____   _____   _____   _____   _____
```

```
    8       11       12       10       10
x   5    x   2    x   4    x   7    x   9
_____   _____   _____   _____   _____
```

```
    6        8       11        3        4
x   9    x   1    x   7    x   3    x   2
_____   _____   _____   _____   _____
```

```
    6       10        9
x  10    x   1    x   9
_____   _____   _____
```

```
   10        8        0
x   3    x   0    x   3
_____   _____   _____
```

Time

Score /25

Name :... Date :........................

Test on mixed facts

12	2	4	6
x 2	x 5	x 2	x 8

10	10	11	7	10
x 7	x 9	x 8	x 1	x 6

4	3	6	3	8
x 9	x 5	x 4	x 2	x 8

6	10	0	3	9
x 3	x 5	x 0	x 6	x 5

12	9	12
x 1	x 1	x 3

12	6	5
x 8	x 6	x 0

Time

Score /25

Name :.. Date :...........................

Test on mixed facts

```
   11         10          8         12
x   9      x  10      x   5      x   8
_____     _____     _____     _____


    0          7         12          4          8
x   9      x   4      x   4      x   3      x   2
_____     _____     _____     _____     _____


    1         12          8          6          3
x   1      x  12      x   9      x   2      x   3
_____     _____     _____     _____     _____


   11          6         10         11         12
x   2      x   0      x   5      x   7      x   6
_____     _____     _____     _____     _____


    4         11         11
x  10      x   4      x   0
_____     _____     _____


    9          8         12
x  10      x   4      x   8
_____     _____     _____
```

Time

Score /25

Name :... Date :............................

Test on mixed facts

```
   8        5       10       12
x  7     x  5    x  7     x  5
_____   _____  _____   _____


  10        6        9        7       11
x  0     x  2    x  2     x  7     x  3
_____   _____  _____   _____   _____


   7        4        6       12        6
x  9     x  2    x  8     x  4     x  3
_____   _____  _____   _____   _____


   7        2        5       11        8
x  0     x  7    x  1     x  8     x  8
_____   _____  _____   _____   _____


   3       10        9
x  4     x  2    x  9
_____   _____  _____


  11       10        6
x  5     x  4    x  7
_____   _____  _____
```

Time

Score /25

158

Name :... Date :..........................

Test on mixed facts

```
   11        6        7        8
x   6    x   5    x   9    x   2
_____  _____  _____  _____


    5       12        2       12        8
x   7    x   2    x   5    x   7    x   9
_____  _____  _____  _____  _____


    3        6        1       11        8
x   9    x   9    x   0    x   2    x   8
_____  _____  _____  _____  _____


    4        9       11        7       10
x   5    x   5    x   7    x   3    x  11
_____  _____  _____  _____  _____


   10        5        4
x   3    x   3    x   0
_____  _____  _____


   11        8       12
x   1    x  10    x   3
_____  _____  _____
```

Time

Score /25

Name : .... Date : ....

Test on mixed facts

10	4	12	6
x 6	x 3	x 8	x 1

12	11	3	9	12
x 3	x 11	x 8	x 1	x 11

9	8	11	12	11
x 4	x 7	x 3	x 5	x 9

0	11	9	7	5
x 0	x 8	x 12	x 4	x 0

10	12	5
x 1	x 12	x 3

12	2	2
x 10	x 2	x 10

Time

Score /25

160

Test on mixed facts

| 12 × 11 = | 4 × 1 = | 6 × 3 = | 10 × 2 = |

| 3 × 3 = | 8 × 0 = | 10 × 10 = | 2 × 3 = | 4 × 5 = |

| 12 × 3 = | 5 × 6 = | 0 × 7 = | 6 × 11 = | 12 × 9 = |

| 10 × 8 = | 9 × 9 = | 1 × 2 = | 10 × 11 = | 12 × 2 = |

| 12 × 6 = | 11 × 9 = | 5 × 10 = |

| 7 × 5 = | 11 × 6 = | 3 × 9 = |

Time

Score /25

Name :.. Date :...........................

Test on mixed facts

| 10 × 0 | 7 × 2 | 12 × 5 | 5 × 11 |

| 9 × 2 | 2 × 2 | 12 × 2 | 10 × 11 | 12 × 9 |

| 7 × 3 | 11 × 4 | 8 × 3 | 2 × 1 | 8 × 4 |

| 10 × 2 | 9 × 4 | 11 × 5 | 9 × 6 | 11 × 8 |

| 5 × 8 | 10 × 6 | 12 × 8 |

| 1 × 8 | 10 × 3 | 9 × 3 |

Time

Score /25

Name :... Date :...........................

Test on mixed facts

```
   4        10         4         8
x  4      x  8       x  2      x  0
____      ____       ____      ____

  12        10        12        11         4
x  7      x  2      x  5      x 11       x  8
____      ____      ____      ____       ____

  12         8         5         6         7
x 11       x  9      x  5      x  4      x  1
____       ____      ____      ____      ____

  10         9         9         0        11
x  9       x  3      x  2      x  4      x  3
____       ____      ____      ____      ____

  11        11        10
x  8       x  9      x 12
____       ____      ____

  10         5         3
x  1       x  7      x  3
____       ____      ____
```

Time

Score /25

Name :.. Date :..........................

Test on mixed facts

| 9 × 2 | 6 × 5 | 7 × 8 | 12 × 0 |

| 6 × 4 | 5 × 0 | 7 × 2 | 3 × 3 | 9 × 7 |

| 1 × 1 | 10 × 4 | 5 × 4 | 12 × 8 | 11 × 4 |

| 7 × 6 | 4 × 1 | 9 × 3 | 11 × 1 | 3 × 2 |

| 4 × 8 | 6 × 6 | 11 × 5 |

| 12 × 7 | 9 × 9 | 4 × 7 |

Time

Score /25

164

Name :.. Date :............................

Test on mixed facts

| 10 × 8 = | 9 × 9 = | 2 × 8 = | 5 × 4 = |

| 4 × 4 = | 3 × 1 = | 12 × 12 = | 7 × 9 = | 2 × 6 = |

| 0 × 2 = | 5 × 2 = | 7 × 11 = | 9 × 10 = | 5 × 5 = |

| 3 × 2 = | 3 × 9 = | 8 × 6 = | 2 × 7 = | 7 × 6 = |

| 11 × 11 = | 8 × 9 = | 3 × 4 = |

| 10 × 3 = | 2 × 1 = | 6 × 3 = |

Time

Score /25

Name :.. Date :............................

Test on mixed facts

| 8 × 8 = | 3 × 3 = | 11 × 4 = | 5 × 9 = |

| 10 × 4 = | 4 × 0 = | 10 × 7 = | 9 × 6 = | 11 × 11 = |

| 12 × 8 = | 2 × 9 = | 11 × 9 = | 7 × 7 = | 2 × 8 = |

| 12 × 1 = | 12 × 5 = | 11 × 6 = | 9 × 10 = | 6 × 2 = |

| 9 × 12 = | 4 × 12 = | 7 × 8 = |

| 3 × 5 = | 10 × 2 = | 2 × 11 = |

Time

Score /25

166

Name :.. Date :..........................

Test on mixed facts

```
   11        7        8        2
x   3    x   1    x   3    x  12
_____   _____   _____   _____


   11        9        9        9        9
x   5    x   5    x   7    x   4    x  11
_____   _____   _____   _____   _____


    5       11        9       11        6
x   2    x   8    x   2    x   0    x   8
_____   _____   _____   _____   _____


   10       10        8        4       10
x   1    x   5    x   1    x   7    x   8
_____   _____   _____   _____   _____


   12        0       12
x   6    x   6    x   5
_____   _____   _____


    0        1       11
x   3    x   9    x   2
_____   _____   _____
```

Time

Score /25

Name :.. Date :........................

Test on mixed facts

```
   12        2        2        7
 x  3     x  8     x  2     x  7
 ____     ____    ____     ____


    4        0       12        0        7
 x  6     x  1    x   7     x  3     x  5
 ____     ____    _____     ____     ____


   11        4        3        7        0
 x  1     x  2    x  11     x  8     x  9
 ____     ____    _____     ____     ____


    1       11        8        4       11
 x  6     x  4     x  8    x  12     x  2
 ____     ____     ____    _____     ____


    5       12        2
 x  1     x  3     x  5
 ____     ____     ____


    7        8        0
 x  3     x  5     x  6
 ____     ____     ____
```

Time

Score /25

Name :.. Date :............................

Test on mixed facts

```
   8        10         8         2
x  3      x  6      x  9      x 10
____      ____      ____      ____


   9        12         7        12         4
x  9      x  7      x  4      x 12      x  3
____      ____      ____      ____      ____


   1         2         0         6        12
x  2      x  7      x  0      x  5      x  9
____      ____      ____      ____      ____


   8         7         5         4         9
x  4      x  3      x 10      x  3      x  5
____      ____      ____      ____      ____


   2        10        11
x  6      x  4      x  3
____      ____      ____


  12         4         9
x  8      x  1      x  3
____      ____      ____
```

Time

Score /25

Name :.. Date :............................

Test on mixed facts

| 7 | 5 | 0 | 10 |
| x 7 | x 3 | x 1 | x 7 |

| 3 | 1 | 0 | 7 | 4 |
| x 2 | x 3 | x 2 | x 3 | x 2 |

| 5 | 11 | 12 | 8 | 6 |
| x 5 | x 7 | x 2 | x 5 | x 1 |

| 12 | 2 | 11 | 4 | 11 |
| x 5 | x 2 | x 11 | x 6 | x 9 |

| 5 | 11 | 10 |
| x 3 | x 1 | x 3 |

| 9 | 6 | 12 |
| x 9 | x 12 | x 9 |

Time

Score /25

170

Name :... Date :............................

Test on mixed facts

12	7	3	5
x 2	x 4	x 0	x 7

4	10	8	6	5
x 1	x 3	x 8	x 5	x 4

12	4	9	12	10
x 7	x 4	x 4	x 3	x 5

4	12	2	6	12
x 2	x 4	x 2	x 6	x 9

11	11	3
x 7	x 9	x 4

0	8	7
x 0	x 1	x 6

Time

Score /25

Name : .... Date : ....

Test on mixed facts

```
     4          12           7           5
x    4      x   11       x   0       x   5
========    ========     ========    ========

    10           3           8          11           7
x   10      x    5       x   2       x   8       x   5
========    ========     ========    ========    ========

     6           2          10           5           3
x    4      x    2       x  11       x  11       x   1
========    ========     ========    ========    ========

    12           5           5          10           6
x   12      x    1       x   4       x   9       x   3
========    ========     ========    ========    ========

     9           6          12
x   10      x    5       x   7
========    ========     ========

    12          10           4
x    3      x    8       x   2
========    ========     ========
```

Time

Score /25

172

Name :.. Date :............................

Test on mixed facts

| 2 | 0 | 12 | 8 |
| x 1 | x 1 | x 8 | x 4 |

| 6 | 7 | 11 | 9 | 2 |
| x 7 | x 7 | x 6 | x 4 | x 2 |

| 3 | 4 | 3 | 9 | 7 |
| x 10 | x 6 | x 5 | x 0 | x 1 |

| 4 | 10 | 6 | 4 | 8 |
| x 8 | x 5 | x 6 | x 0 | x 10 |

| 3 | 3 | 11 |
| x 3 | x 2 | x 1 |

| 10 | 12 | 3 |
| x 0 | x 9 | x 8 |

Time

Score /25

Name :... Date :............................

Test on mixed facts

```
   12         5         6         6
x   4     x   2     x   6     x   9
_____   _____   _____   _____


    8        11         4         0         5
x   7     x   8     x   5     x   7     x   8
_____   _____   _____   _____   _____


    3         3         9         5        10
x   4     x   3     x   8     x   0     x   4
_____   _____   _____   _____   _____


    9         9        11         4         9
x   5     x   1     x   5     x   4     x   6
_____   _____   _____   _____   _____


   10         4         0
x   6     x   1     x   6
_____   _____   _____


   10         8        12
x   1     x   6     x   6
_____   _____   _____
```

Time

Score /25

174

Name :.. Date :...........................

Test on mixed facts

```
   10        8       10        6
x  10     x  6    x   7     x  6
_____    _____   _____    _____


   4         6       12       10        8
x  4      x  3    x   9    x   6     x  2
_____     _____   _____   _____    _____


   6         4        6        5        8
x  4      x  9    x   5    x   9     x  8
_____     _____   _____    _____    _____


   7        11       11       12        8
x  3      x  0    x   6    x  12     x  3
_____     _____   _____    _____    _____


   5         9        5
x  2      x  6    x   5
_____     _____   _____


   7         9       12
x  2      x  7    x   6
_____     _____   _____
```

Time

Score /25

Name : .... Date : ....

Test on mixed facts

| 8 × 7 | 12 × 0 | 7 × 10 | 12 × 12 |

| 4 × 7 | 8 × 10 | 11 × 6 | 9 × 9 | 10 × 10 |

| 4 × 11 | 2 × 3 | 4 × 4 | 5 × 3 | 11 × 2 |

| 9 × 2 | 7 × 1 | 3 × 9 | 1 × 1 | 6 × 2 |

| 8 × 0 | 10 × 11 | 3 × 0 |

| 12 × 5 | 12 × 12 | 5 × 7 |

Time

Score /25

176

Name :.. Date :..........................

Test on mixed facts

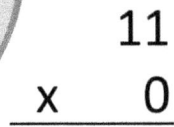

11 × 0 =	3 × 3 =	7 × 2 =	11 × 4 =
12 × 10 =	2 × 2 =	12 × 11 =	8 × 8 =	2 × 0 =
6 × 3 =	8 × 0 =	4 × 2 =	9 × 7 =	5 × 5 =
7 × 1 =	10 × 5 =	8 × 5 =	11 × 10 =	12 × 5 =
9 × 3 =	12 × 2 =	9 × 1 =
10 × 3 =	9 × 3 =	7 × 4 =

Time

Score /25

Name :.. Date :............................

Test on mixed facts

```
    9        5        8       10
x   9    x   4    x   2    x  12
___      ___      ___      ___


    3        5        6        4        9
x   3    x   8    x   1    x   7    x   3
___      ___      ___      ___      ___


    1        8       11        8        6
x   0    x   7    x   3    x   3    x   9
___      ___      ___      ___      ___


    1       10        2        5       10
x  12    x   4    x   3    x   5    x  10
___      ___      ___      ___      ___


    7        7       10
x   7    x   6    x   1
___      ___      ___


   12       12        9
x   6    x  11    x   9
___      ___      ___
```

Time

Score /25

Name :.. Date :...........................

Test on mixed facts

8	9	5	9
x 7	x 3	x 0	x 1

6	4	11	8	7
x 5	x 5	x 11	x 4	x 7

10	7	10	9	12
x 6	x 6	x 2	x 4	x 0

8	11	7	1	9
x 6	x 9	x 3	x 0	x 9

4	11	10
x 3	x 2	x 7

8	3	5
x 9	x 3	x 7

Time

Score /25

Name :.. Date :...........................

Test on mixed facts

```
   12         5         2        10
x   2     x   3     x   0     x   3
━━━━     ━━━━     ━━━━     ━━━━


    7         4         6         7        12
x   8     x   4     x   6     x   9     x  11
━━━━    ━━━━    ━━━━    ━━━━    ━━━━


    6         6         9         8         1
x   6     x   1     x   5     x   5     x   1
━━━━    ━━━━    ━━━━    ━━━━    ━━━━


    6         2        11         2         9
x   5     x   8     x   7     x   2     x   6
━━━━    ━━━━    ━━━━    ━━━━    ━━━━


    8         7        10
x   8     x   7     x   6
━━━━    ━━━━    ━━━━


    9         8         1
x   8     x   0     x   7
━━━━    ━━━━    ━━━━
```

Time

Score /25

Name :.. Date :............................

Test on mixed facts

```
    9        10        2        4
x   0     x   7     x  4     x  7
_____     _____     ____     ____


    5        3        8       10      12
x  12    x   1     x  6     x  2    x  7
_____    _____     ____     ____    ____


    4        8       11        5       3
x   9    x   8     x 11     x  5    x  8
_____    _____     ____     ____    ____


   12        1        3       11       4
x   4    x   4     x  2     x  3    x  5
_____    _____     ____     ____    ____


    1        8        0
x   5    x   7     x  1
_____    _____     ____


    9        3        0
x   2    x   6     x  7
_____    _____     ____
```

Time

Score /25

Name :... Date :...........................

Test on mixed facts

```
   4        5        8        2
x  4     x  4     x  8     x  5
_____   _____   _____   _____


   5        8        9        0        7
x  5     x  7     x  9     x  0     x  5
_____   _____   _____   _____   _____


   6        5       12        2        6
x  2     x  9     x  4     x  4     x  5
_____   _____   _____   _____   _____


   3        2        6       12       11
x  7     x  1     x  4     x  3     x 11
_____   _____   _____   _____   _____


  10       10        5
x  0     x 10     x  1
_____   _____   _____


   3        3       11
x  1     x  4     x  4
_____   _____   _____
```

Time

Score /25

Name :.. Date :..........................

Test on mixed facts

```
    5        0        7        4
x   9    x   2    x   9    x  10
_____  _____  _____  _____


    3        3       10        5       10
x   8    x   3    x   8    x   8    x   2
_____  _____  _____  _____  _____


   11        6        2        2        8
x   5    x   7    x  11    x   9    x   1
_____  _____  _____  _____  _____


   10       10        6       11       11
x  10    x   0    x   9    x   5    x   8
_____  _____  _____  _____  _____


    6        7        3
x   2    x   7    x  10
_____  _____  _____


   12        6       12
x   4    x   4    x   1
_____  _____  _____
```

Time

Score /25

Name :.. Date :..........................

Test on mixed facts

| 12 | 4 | 10 | 7 |
| x 8 | x 8 | x 4 | x 3 |

| 11 | 12 | 7 | 11 | 12 |
| x 11 | x 4 | x 2 | x 5 | x 12 |

| 3 | 3 | 5 | 10 | 8 |
| x 0 | x 3 | x 0 | x 0 | x 5 |

| 6 | 4 | 9 | 10 | 7 |
| x 8 | x 5 | x 1 | x 9 | x 5 |

| 11 | 1 | 6 |
| x 3 | x 6 | x 6 |

| 8 | 6 | 10 |
| x 1 | x 7 | x 5 |

Time

Score /25

Name :.. Date :............................

Test on mixed facts

```
   7        12         8         4
x  5    x  11     x    6     x   3
___     ____      ___        ___


   5         2        10         5        11
x  9    x    1    x   10     x   3    x   4
___     ____     ____        ___       ___


  10        12        11         4         6
x  8    x  10     x    3     x   0     x   7
___     ____      ___        ___       ___


  10        11         6         6         2
x 11    x   2     x    3     x   5     x   9
___     ____      ___        ___       ___


  11         3        11
x  9    x  12     x    6
___     ____      ___


   5         9         6
x  2    x    0    x    6
___     ____      ___
```

Time

Score /25

Name :.. Date :...........................

Test on mixed facts

| 6 | 7 | 2 | 4 |
| x 9 | x 5 | x 2 | x 11 |

| 10 | 12 | 3 | 11 | 7 |
| x 1 | x 3 | x 2 | x 8 | x 4 |

| 10 | 7 | 0 | 11 | 12 |
| x 8 | x 9 | x 11 | x 6 | x 5 |

| 6 | 8 | 4 | 7 | 10 |
| x 3 | x 4 | x 2 | x 5 | x 4 |

| 3 | 6 | 9 |
| x 3 | x 2 | x 10 |

| 6 | 5 | 9 |
| x 8 | x 10 | x 4 |

Time

Score /25

Name :.. Date :............................

Test on mixed facts

12 × 4 =	5 × 11 =	6 × 5 =	2 × 5 =
8 × 4 =	10 × 5 =	2 × 9 =	0 × 6 =	4 × 3 =
12 × 12 =	2 × 8 =	5 × 5 =	6 × 8 =	1 × 1 =
8 × 1 =	7 × 2 =	9 × 3 =	1 × 2 =	7 × 7 =
12 × 10 =	12 × 1 =	3 × 3 =
11 × 12 =	4 × 4 =	7 × 8 =

Time

Score /25

Name :.. Date :..........................

Test on mixed facts

2	7	8	3
x 1	x 6	x 9	x 7

12	12	11	8	4
x 8	x 12	x 10	x 3	x 2

5	10	7	9	7
x 9	x 9	x 4	x 4	x 9

10	4	5	5	11
x 2	x 4	x 1	x 8	x 0

8	5	6
x 6	x 5	x 9

12	10	12
x 11	x 7	x 3

Time

Score /25

188

Name :.. Date :..........................

Test on mixed facts

```
   9        11         2         5
x  8     x   7      x  3      x  6
____     _____      ____      ____


  10         4        10         6         4
x  7      x  5      x  2      x  6      x  0
____      ____      ____      ____      ____


   9        11         7         8        12
x  9      x  1      x  3      x 10      x  8
____      ____      ____      _____     ____


   6         6         3        11         7
x  4      x  0      x  6      x 11      x  2
____      ____      ____      _____     ____


   3         6        12
x  9      x  7      x  6
____      ____      ____


   5         6        11
x  0      x 10      x  5
____      _____     ____
```

Time

Score /25

Test on mixed facts

| 12 × 5 | 11 × 7 | 9 × 8 | 2 × 4 |

| 7 × 11 | 10 × 11 | 11 × 0 | 3 × 9 | 6 × 4 |

| 2 × 12 | 0 × 0 | 12 × 7 | 4 × 5 | 0 × 9 |

| 11 × 8 | 9 × 9 | 11 × 2 | 5 × 9 | 5 × 1 |

| 9 × 3 | 12 × 0 | 12 × 7 |

| 12 × 12 | 10 × 10 | 12 × 3 |

Time

Score /25

Name : .... Date : ....

Test on mixed facts

```
  11        6        2       12
x  8     x  4     x  8    x  6
____     ____    ____     ____


   7        8        0        7        1
x  5     x  8     x  4     x  9     x  3
____     ____     ____     ____     ____


   6        3        9        2       10
x  8     x  3     x 11     x  5     x  1
____     ____     ____     ____     ____


   7        8        4       11        8
x  7     x  6     x 11     x  6     x  7
____     ____     ____     ____     ____


  11       12       10
x  1     x 11     x  9
____     ____     ____


   4        5        3
x  8     x  7     x  4
____     ____     ____
```

Time

Score /25

Name :.. Date :..........................

Test on mixed facts

| 8 × 5 = | 0 × 3 = | 6 × 2 = | 9 × 7 = |

| 10 × 4 = | 9 × 9 = | 6 × 4 = | 3 × 10 = | 2 × 7 = |

| 4 × 8 = | 10 × 11 = | 11 × 7 = | 3 × 3 = | 10 × 5 = |

| 11 × 11 = | 12 × 3 = | 5 × 9 = | 1 × 4 = | 9 × 3 = |

| 8 × 8 = | 6 × 5 = | 11 × 1 = |

| 6 × 10 = | 7 × 0 = | 4 × 7 = |

Time

Score /25

192

Name :.. Date :............................

Test on mixed facts

7 × 6 =	12 × 9 =	4 × 5 =	8 × 7 =
4 × 4 =	10 × 10 =	12 × 7 =	7 × 0 =	9 × 8 =
10 × 1 =	4 × 7 =	2 × 2 =	6 × 8 =	3 × 2 =
12 × 2 =	8 × 10 =	9 × 4 =	7 × 7 =	8 × 3 =
11 × 5 =	5 × 1 =	3 × 3 =
11 × 6 =	12 × 12 =	5 × 8 =

Time

Score /25

Name :... Date :............................

Test on mixed facts

8	7	4	9
x 6	x 9	x 2	x 8
======	======	======	======

| 6 | 6 | 8 | 9 | 10 |
| x   5 | x   2 | x   5 | x   9 | x 11 |

| 1 | 5 | 9 | 4 | 8 |
| x   1 | x   2 | x   6 | x   7 | x   8 |

| 10 | 2 | 6 | 3 | 5 |
| x   8 | x   9 | x   3 | x   4 | x   7 |

| 6 | 12 | 10 |
| x   6 | x   7 | x   3 |

| 1 | 10 | 11 |
| x   0 | x   5 | x   9 |

Time

Score /25

194

Name :.. Date :...........................

Test on mixed facts

| 4 × 4 = | 7 × 7 = | 3 × 2 = | 8 × 8 = |

| 6 × 2 = | 8 × 9 = | 11 × 2 = | 10 × 7 = | 3 × 3 = |

| 7 × 9 = | 12 × 4 = | 3 × 8 = | 11 × 2 = | 9 × 2 = |

| 4 × 5 = | 9 × 9 = | 8 × 6 = | 7 × 2 = | 10 × 4 = |

| 6 × 0 = | 6 × 6 = | 4 × 7 = |

| 8 × 9 = | 10 × 5 = | 7 × 8 = |

Time

Score /25

Test on mixed facts

| 8 × 0 | 4 × 9 | 3 × 2 | 11 × 5 |

| 12 × 9 | 12 × 2 | 5 × 5 | 8 × 3 | 6 × 5 |

| 8 × 2 | 11 × 8 | 6 × 6 | 1 × 9 | 11 × 9 |

| 9 × 6 | 2 × 10 | 12 × 6 | 7 × 3 | 10 × 6 |

| 8 × 4 | 10 × 3 | 7 × 6 |

| 11 × 4 | 3 × 3 | 12 × 5 |

Time

Score /25

Name :... Date :............................

Test on mixed facts

```
    4        7        3        8
x   4    x   7    x   2    x   8
_____  _____  _____  _____


    6        8       11       10        3
x   2    x   9    x   2    x   7    x   3
_____  _____  _____  _____  _____


    7       12        3       11        9
x   9    x   4    x   8    x   2    x   2
_____  _____  _____  _____  _____


    4        9        8        7       10
x   5    x   9    x   6    x   2    x   4
_____  _____  _____  _____  _____


    6        6        4
x   0    x   6    x   7
_____  _____  _____


    8       10        7
x   9    x   5    x   8
_____  _____  _____
```

Time

Score /25

Name :.. Date :..........................

Test on mixed facts

| 8 × 0 = | 4 × 9 = | 3 × 2 = | 11 × 5 = |

| 12 × 9 = | 12 × 2 = | 5 × 5 = | 8 × 3 = | 6 × 5 = |

| 8 × 2 = | 11 × 8 = | 6 × 6 = | 1 × 9 = | 11 × 9 = |

| 9 × 6 = | 2 × 10 = | 12 × 6 = | 7 × 3 = | 10 × 6 = |

| 8 × 4 = | 10 × 3 = | 7 × 6 = |

| 11 × 4 = | 3 × 3 = | 12 × 5 = |

Time

Score /25